中共湖北省委宣传部与中南财经政法大学共建新闻学院项目成果

教育部人文社会科学研究一般项目成果（编号：14YJA860011）

文澜学术文库

Stone from other Hills
— An Analysis of German
Scholars' Research on the
History of Chinese Journalism

他山之石

德国学者的
中国新闻史研究评介

刘兰珍　等 著

社会科学文献出版社
SOCIAL SCIENCES ACADEMIC PRESS (CHINA)

总　序

中南财经政法大学新闻与文化传播学院建院虽然只有十余年，但院内新闻系、中文系和艺术系所辖学科专业都是学校前身中原大学 1948 年建校之初就开办的，后因院系调整中断，但从首任校长范文澜先生出版《文心雕龙讲疏》开始其学者生涯，到当代学者古远清教授影响遍及海内外的台港文学研究，本校人文学科的研究可谓薪火相传、积淀丰赡。

1997 年，学校重新开办新闻学专业，创建新闻系，相关学科专业建设开始步入新的发展阶段。2004 年，新闻与文化传播学院组建。近年来，在学校建设"高水平、有特色的人文社科类研究型大学"的发展目标的指引下，中文系和艺术系相继在 2007 年和 2008 年成立，人文学科迅速得到恢复和发展。

为了检阅本院各学科研究工作的实绩，进一步推动研究的深入和学科的发展，我们将继续编辑出版本院教师系列学术论著"文澜学术文库"丛书。

丛书以"文澜"命名，一是表达我们对老校长范文澜先生的景仰和怀念，二是希望以范文澜先生的道德文章、治学精神为楷模自律自勉。

范文澜先生曾在书斋悬挂一副对联："板凳要坐十年冷，文章不写一句空。"这种做学问的自律精神在今天更显得宝贵和具有现实意义。《文心雕龙讲疏》是范文澜先生而立之年根据在南开大学的讲稿整理完成的第一部学术著作，国学大师梁启超为之作序："展卷诵读，知其征证详核，考据精审，于训诂义理，皆多所发明，荟萃通人之说而折衷之，使义无不明，句无不达。是非特嘉惠于今世学子，而实大有勋劳于舍人也。"学术研究之意义与价值，贵在传承文明、承前启后、继往开来、推陈出新。范文澜先生之《文心雕龙讲疏》后又经多次修订，改名《文心雕龙注》以传世，作者有着严谨的学风、精益求精的精神，实为吾辈楷模。正因如此，其著作乃成为《文心雕龙》研究史上集旧注之大成、开新世纪之先河的里程碑式的巨著。

先贤已逝，风范长存。高山仰止，景行行止。虽不能至，然心向往之。

是为序。

胡德才

2015 年 7 月 6 日于武汉

目　录

第二部分　当代汉学家的中国新闻史研究评析

I. 引 言

本书为我所主持的教育部人文社会科学研究一般项目"德国学者的中国新闻史研究评析"（项目批准号：14YJA860011）的最终成果。

本书以德国学者尤其是汉学家对中国新闻史研究的历史轨迹和研究成果作为研究对象，探讨西方文化视野中德国的中国新闻史研究的发展历程和研究路径，分析其在各个不同历史阶段的研究特点和结论。选取德国学者的中国新闻事业史研究作为研究对象，不仅因为德国学者对中国新闻史研究的成果丰富，更在于他们在西方学术界的代表性。以此为出发点，有利于比较西方不同国家如美国、德国在中国新闻史研究方面的学术成果，填补中国新闻事业史研究的一个空白点。

自 20 世纪二三十年代开始，一批西方学者从各自的视角和领域对中国的新闻事业进行研究，他们中既有在其本土的研究者，也有在中国从事新闻教学和新闻工作的人，如美国的 Roswell S. Britton（白瑞华）、Vernon Nash（聂士芬）及德国的 Rudolf Löwenthal（罗文达）等，他们出版了一批有影响的研究成果。这些成果在相当长的时间里处于被人遗忘的境地，直至近年才陆续有几部英文的中国新闻史研究著作被翻译引进，如以"新闻学经典译丛"名义翻译出版的白瑞华的《中国近代报刊史（1800—1912）》等。这是"研究中国报刊文化的起源和发展必不可少的却又被忽略的重要史料"（刘家林），它们虽然只是西方研究中国新闻事业发展历史的一小部分成果，却是中国新闻史研究的一个新的开端、新的窗口。

德国学者对中国新闻事业的研究不仅开始得早，而且在新的时期依然不断发展和提升。从 20 世纪 30 年代，与白瑞华、聂士芬同一时期的罗文达在燕京大学从事新闻教育和对中国新闻事业现状的调查开始，到 60 年代，沃尔夫冈·莫尔（毛富刚）在慕尼黑大学讲授中国近现代报刊课程，并出版了三卷本的《中国现代报刊》，至 20 世纪末，海德堡大学汉学系以课题的形式，在新的理论框架下所进行的大规模的对晚清和民初中国新闻事业的研究，德国学者在中国新闻史研究方面的成果具有重要的影响力。

至今，国外对于中国新闻史的研究方兴未艾，尤其是美国、德国和日本等国的中国新闻史研究在其东亚研究中一直占有重要地位。自 20 世纪 90 年代开始，西方国家的中国新闻史研究持续升温，并产生了有关中国现代传媒发展的系列研究成果。2005 年，美国哈佛大学费正清中国研究中心举办了关于民国时期报刊研究的学术研讨会，名为"日常媒体研究：作为研究对象和资料来源的民国报纸，1911—1949"。该中心在 2006 年 10 月还联合台湾世新大学在台北召开了"文本与媒介：民初报刊的研究取径"学术研讨会。

从对现有资料的分析不难看出，德国学者的中国新闻史研究在西方汉学界独树一帜，尤其是对晚清和民国新闻事业的研究，更是成果卓著，体现了专而精的特质。这些西方文化视野中的学者更多的是从全球化的角度来考察和分析中国新闻事业在世界新闻事业格局中的地位，分析经济全球化给中国新闻事业带来的全面而深刻的影响，从经济、政治、社会情境的多维视角来解读中国的新闻传播事业，对于我们从更开阔的视角认识中国新闻事业的历史地位和影响，具有极其重要的参考价值。

但是，到目前为止，对德国相关研究成果的关注少之又少，更谈不上系统和深入的研究。现有研究成果中，仅有对海德堡大学汉学系早期中文报刊研究概况的一般性介绍，而对罗文达、毛富刚这样的中国报刊专家的研究成果则无人问津，这不能不说是中国新闻史研究的一大缺憾。

这些成果都可以并应该成为国内新闻史学界研究的对象与重要的参考文献，这本是中国新闻史研究的一个不应被忽略的研究领域。但到目前为止，西方国家尤其是德国的中国新闻史研究成果，尚未受到足够重视。正如德国汉学家瓦格纳所说，学术界对中国地方新闻传播业的兴起过程仍固守着一种"中国中心观"的视角，所使用的材料全部与中国有关，且大多是清一色的中文资料。

对于西方的中国新闻史研究的方法、历史资料以及理论体系和丰富的研究成果，国内新闻史学界尚未进行系统的研究。因此，本课题致力于为中国的新闻史研究领域提供新的信息与资料、新的视角和新的参照系统，以拓展国内对中国新闻事业史研究的模式。他山之石，可以攻玉。借鉴西方不同的研究方法，有助于进一步提升我国新闻事业史研究的水平；研究西方文化视野下德国的中国新闻史研究方法与成果，对于中国新闻史学的进一步纵深发展具有开拓的意义。

本课题研究之初，即确定了要在全面掌握德、美、日等国中国新闻事业史研究成果的文献资料的基础上，首先廓清西方学者对于中国新闻史研究的重点与理论体系，确立本研究的核心价值与学术意义；其次重点研究德国汉学家罗文达、毛富刚等早期汉学家的中国报刊研究及其史料，以及海德堡大学汉学系学者群的丰富著述，解读其文化视野、中国新闻史的研究方法和理论框架，并对以海德堡大学汉学家为代表的德国学者们研究近代中国报刊的代表作进行文本分析和比对；最后系统分析西方学界在中国新闻事业史研究的方法与理论体系上的异同。

在随后的资料收集和整理过程中，我们发现这是一份相当庞大和琐碎的工作。其一，关于早期汉学家罗文达和毛富刚等的史料和文献资料极其难找，他们的论文和著述零星地散落在遥远的某些图书馆的故纸堆里，我们透过相关著述的参考文献中的提示，顺藤摸瓜，通过大量的网络搜索，才在国家图书馆以及德国亚马逊二手书市场找到一些宝贵的资料，并通过各种资料互相印证，以确定其真实性。这一过程，特别要感谢课题组主要成员高海波教授超强的文献检索能力。其二，海德堡大学汉学系的研究成果在国内非常难找，我们只能根据现有的唯一的一篇研究文章所提供的线索，进行文献检索，然后通过各种途径在海外购买和复印相关资料。且海德堡大学汉学系的成果主要以英文和德文出版，读懂资料并进行文本解读是第一要务，为此，课题主持人和课题组成员欧阳依岚与其他大学德语专业的专家进行合作，首先将部分重要的原版资料翻译出来，这无疑也占去了课题组大量的时间和精力。其三，美国和日本的中国新闻史研究资料，完全没有预想中丰富和成体系，尤其令人遗憾的是，从其他参考文献中查找到的日本新闻学家小野秀雄研究中国新闻史的著述，课题组成员无论从网络上，还是托人在日本的图书馆中寻找，竟然都没能找到，从而直接造成了初始研究框架难以成立。而美国汉学界，除了早期在中国从事新闻教育的为数不多的几个汉学家如聂士芬、白瑞华等的单篇成果，其他汉学家更偏重于对中国经济文化发展历史的研究，鲜有像德国这样有组织、体系化、主题集中的研究和如此丰硕、有国际影响的成果。

由于在研究预设中的几个国家的研究成果多寡不一，从体量和影响上和德国不具有可比性，因此，在正式撰写的时候，我们只能舍弃对德国、美国和日本的中国新闻史研究特点的横向比较，将主要力量集中于对德国汉学家的研究成果的解读和评析，最终形成了以下写作的逻辑。

根据德国汉学家研究中国新闻事业的历史脉络，按照时间顺序选择研究对象。我们将在中国新闻事业研究上具有开创性影响的罗文达、承前启后的毛富刚作为早期自发研究者的代表，通过对他们所发表的成果和出版的代表性著述进行文本分析，结合他们同时代的学者及后来者对他们的研究与评价，进行相互比对，梳理他们的研究重点、研究方法、成果影响，以及不同时代背景下研究者所呈现的研究关注点和特点。

在海德堡大学汉学系的中国新闻事业研究成果中，我们选取瓦格纳和燕安黛的专著作为切入口，分析在哈贝马斯公共领域理论框架下，当代汉学家对处于时代巨变中的晚清和民初的中国新闻事业的研究所呈现的崭新的视野和更加具体的媒介选择和剖析方法。

简言之，本课题从中德文化特殊的交流历史入手，回溯德国汉学的兴起对早期汉学家的中国新闻事业研究的影响，并根据哈贝马斯的理论来分析当代德国汉学界中国新闻史研究的理论渊源，形成了一个比较完整的写作框架。

通过和其他的中国新闻史研究论述进行比较，我们认为，本研究具有以下几个显著的特点。

1. 选题新

前文提到，德国学者的中国新闻史研究独树一帜，特别是对于晚清和民国新闻事业的研究更是成果卓著，然而国内对于这一系列研究成果的关注甚少，只有一篇论文涉及。

课题组在文献检索中发现，关于"中国新闻史"的学术研究论文和学术专著内容繁多，数量均以万计算。然而结合"德国""海德堡"等关键词进一步搜索，则数量极其有限。相对于国内对中国新闻史形成的系统研究成果，无论是国外对中国新闻史研究成果的原始资料，还是国内学者对西方学者中国新闻史研究特点的研究，在整个关于中国新闻史研究的体系中都显得薄弱，因此本研究选题具有开创性。

2. 视野新

参照德国学者的研究，反观我国自身新闻史的研究内容、研究方法，将中国新闻史的研究置于一个更为广阔的视野之中，将中国新闻事业的发展进程置于全球化的格局之下进行反思和展望，是对中国新闻事业史研究视野一个崭新的拓展。

3. 材料新

几乎所有文献都来源于外文原著，所呈现的资料和观点几乎没有重复，有些研究材料虽然十分重要，但在国内堪称冷门，这对于引入新观点具有重大意义。综观海德堡大学汉学系对早期中文报刊的研究，发现其十分注重呈现研究对象之间的相互作用，揭示对象涉及的多个方面，将对象置于各种背景下加以审视。比如《京报》等新式官报，虽然不是他们的主要研究对象，也使用相当篇幅进行考察。梅嘉乐关注过《申报》等"新报"在版面上翻印《京报》内容后，《京报》所发生的变化；费南山曾收集《京报》与"新报"的售价进行比较，分析它们竞争中的经济因素等。其他关于回忆这些汉学家的身份、经历等的为数极少的中文报刊资料，也都非常古旧，是此前研究者几乎未曾涉及过的。

本书所有篇章，均由课题主持人和课题小组成员一起撰写。为了保持各自研究的原貌，除少数背景、研究现状等方面的重复文字有所修改之外，基本保留了文章的框架及逻辑线条，以及史料。尽管在最后的修改和校对中，课题主持人进行了大量的删减和订正，仍有部分段落的文字在内容上有重复之嫌。

另外，在论述过程中，思维局限、相关知识积累不足、对已有资料的分析偏差等各种主客观因素，必然导致文中的某些结论不够准确全面等缺陷。在本成果付梓之际，我们不胜惶恐，错漏之处，恳请各位专家学者批评指正！

Ⅱ. 中西方中国新闻史研究特点比较

中国新闻史研究，是对中国新闻发展的历史进行整理研究的过程。在此过程中，对中国新闻业发展资料的搜集、整理，在研究过程中所体现出来的方法、范式，都是中国新闻史研究中需要重点探讨并不断发展的。

新闻业最早成形于 17 世纪的欧洲，并于 19 世纪发展壮大，具备了现代特色的制度化、职业化、社会化、市场化等特点。1833 年，"journalism"一词首次出现于《威斯敏斯特述评》上，即表明新闻业作为一种"盎格鲁 - 美利坚"式的新闻传播运作体系的独立存在。虽然 19 世纪的中国已不接受外来的东西，但那些早期来华办报的传教士还是开启了新兴中国报刊史的历程。①

昨天的新闻就是今天的历史，今天的新闻也必将成为明天的历史。因而，新闻史比其他专门史与历史学更亲近，新闻业的产生和发展，必然带动新闻史的研究。一方面，新闻业的自身发展有其积累和规律，形成一个完整的历史体系；另一方面，新闻记录和推动历史。而历史是以事实的方式存在的，但历史又是沉默的，因而历史需要被记忆、被言说。② 蔡斐说过，新闻史就是按照"历史"的时间顺序，将曾经发生的和被记录的"新闻"内容，再一次用语言进行描述和解释成为完整的中国新闻活动发展史的学科。③ 方汉奇则认为，新闻史是新闻学的重要组成部分之一，主要考察

① 单波：《中西新闻比较与认知中国新闻业的文化心态》，《学术研究》2015 年第 1 期。
② 七刊史学图书评论联合工作小组编《史学新书评（1998～1999）》，社会科学文献出版社，2001，第 374 页。
③ 蔡斐：《从"两范式"到"三视角"：谈中国新闻史研究的路径创新——以抗战大后方新闻史研究为例》，《西南政法大学学报》2015 年第 4 期。

的是新闻事业的发生和发展中所体现出来的演变规律。① 更早以前，中国新闻史研究的泰斗级人物戈公振曾说："所谓报学史者，乃用历史的眼光，研究关于报纸自身发达之经过，及其对于社会文化之影响之学问也。"② 在此，戈公振将"journalism"一词译为"报学"。

一 中国的中国新闻史研究

（一）中国新闻史研究的发展脉络

中国第一篇新闻史论文诞生于前新闻学时期的 1834 年 1 月③，是发表在《东西洋考每月统记传》上的《新闻纸略论》。而更多学者认同方汉奇教授的观点，认为中国新闻史的开端可以追溯到 1873 年《申报》上发表的专论《论中国京报异于外国新报》。

20 世纪第一个十年中，陆续有一些同类文章发表，但远不足以使中国新闻史成为一门独立的学科。④ 此后，随着外国传教士的不断涌入和中国国门被逐渐打开，部分国人开始用英语写作并用外来新思想看待和研究中国新闻史，同时有不少在华外国人的中国新闻史研究作品逐渐涌现。1924 年，汪英宾的《中国报刊的兴起》在美国纽约以英文形式出版，成为中国第一本全面介绍中国报业发展过程的新闻史著作。1927 年 3 月，蒋国珍将由南满洲铁道株式会社东亚经济调查局出版的单行本『支那に于ける新闻発达小史』译为《中国新闻发达史》，由世界书局刊行于 1927 年 9 月，成为第一本中国新闻史译著⑤，被方汉奇教授称为第一本中国新闻通史，开了全面系统研究中国新闻史的先河。两个月后，戈公振的《中国报学史》出版，标志着中国新闻史研究由零碎的探索阶段走上了系统化研究的道路。⑥

---

① 方汉奇：《新闻史是历史的科学》，《新闻纵横》1985 年第 3 期。
② 戈公振：《中国报学史》，上海古籍出版社，2003，第 1 页。
③ 李秀云：《第一篇新闻学专文到底何时刊出？》，《新闻爱好者》2004 年第 2 期。
④ 丁淦林：《20 世纪中国新闻史研究》，《复旦学报》（社会科学版）2000 年第 6 期。
⑤ 虞文俊：《沟通东亚中国新闻史研究第一人：〈中国新闻发达史〉译者蒋国珍初考》，《新闻界》2015 年第 15 期。
⑥ 王海涛：《从〈中国近代报刊史〉谈新闻史的研究视角》，《青年记者》2011 年第 18 期。

此后，直至新中国成立的这段时间，中国新闻事业都处于为生存而奋斗的境地，中国新闻史研究则处于徘徊状态，这是中国新闻史研究的初步成长阶段。这段时期虽有不少论述与专著，包括中国新闻史和外国新闻史在内的国内外新闻史研究著作达59种，但少有戈氏般的力度与广度。

新中国成立后，近代新闻史研究处于观望休整期，特别是1978年改革开放之前的那段时间，中国新闻史研究发展曲折，鲜有佳作。受阶级斗争思想的影响，那段时期的新闻史研究主要以无产阶级革命报刊以及史料为研究对象，成果有《中国报刊史教学大纲》《中国现代报刊史讲义》《中国新民主主义时期新闻事业史》等，比较有名的史料辑录性作品是胡道静的《新闻史上的新时代》和赖光临的《中国近代报人与报业》等，为中国无产阶级新闻史研究的后续开展奠定了基础。

从1978年至20世纪末，随着改革开放进程的加快，思想逐渐拨乱反正进而自由开放，新闻史研究逐渐恢复并焕发活力，进入新的开拓期。经过多年积累，到1981年，中国新闻史学界的泰斗，1949年以来中国新闻史研究的开拓者和组织者方汉奇教授出版了《中国近代报刊史》，他主编的《中国新闻事业通史》（三卷本），这部57万字的中国新闻史研究巨著在我国改革开放时期具有举足轻重的地位，标志着中国新闻史研究向前跨出了实质性的一大步，迈上了一个新的台阶。在浩如烟海的新闻通史研究著作中，戈公振的《中国报学史》和方汉奇的《中国新闻事业通史》可谓两座不可逾越的高峰，是所有进行中国新闻史研究的学者必读的两本著作。

经过近一个世纪的发展革新，国内的中国新闻史研究经历了一个从无到有、由弱到强、从不成熟到逐渐成熟的过程。随着新闻业和新闻史研究的不断发展，新闻史的学科地位和现实意义不断凸显，中国新闻史的研究呈现一种蓬勃发展的态势。从新闻史研究工作的组织来看，1992年6月11日中国新闻史学会的正式成立，标志着中国新闻史研究工作迎来一个有组织、有规模并相对成熟的史学研究新局面。从研究者的身份来看，以京沪两地为主，但其他地方的高校新闻院系对新闻史的研究新成果也值得注意。此外，包括新加坡卓南生教授和我国台湾郑贞铭教授在内的海外、港台专家学者们在中国新闻史研究领域均成绩斐然。从研究成果来看，除了戈公振和方汉奇"两座高峰"，还有复旦大学丁淦林教授主持编写的《中国新闻事业史新编》《中国新闻事业史》以及黄卓明的《中国古代报纸探源》等佳作；人物史、地方史、断代史、史话类通俗读物、纪念文集与论文文集等不同领域、不同著述体裁方面都涌现了一批有实力、有影响的作品。

与此同时，学者开始了中国新闻史研究的创新型发展，从"范式""框架""路径"到"视角""方式"等一系列专业术语的提出，均可以看出学者对此进行的大规模创新研究。但这样空前的繁荣也带来了一系列的问题和困难：有的学者重复劳动，沦于"学术内卷化"怪圈；有的过于热衷热点话题，静不下心来坐冷板凳研究真正的史实；有的不敢越雷池半步，一心为史学做注释；还有的缺乏主体意识，将新闻史学与其他史学混为一谈。①

（二）中国新闻史研究的特点

新闻史研究特点，指进行新闻史研究的过程中体现出来的特点，包括研究者及其背景、研究对象及其背景、研究方法的运用、研究角度的切入、作品表现形式的延续和创新、作品的影响力等。

研究方法既指研究方法或方式，即研究的程序与操作方式，也指具体的技术和技巧，即使用的工具、手段和技巧。② 方法论包含实证主义方法和人文主义方法两种不同的研究范式。其中，人文主义的方法包括直觉、想象、抽象和比较、归纳、演绎；实证主义具体可分为定性分析和定量研究两种。

定量研究具有明显的特征，内容上多出现具有一定代表性数量的新闻现象和新闻实践结果，研究手法上运用科学规律的测量手段，如调查、实验、模型、表格、统计等，对其进行数字化的描述和分析，得出符合客观实际的结论，主要包括社会调查、内容分析、控制实验法。③ 定性研究则无明显特征，但在人文类学科中运用得较为广泛，主要是根据研究者与研究对象的互动及其自身的其他知识储备，从而对研究对象进行认识分析，包

---

① 吴廷俊、李秀云：《百尺竿头——中国新闻传播史研究十年（2004—2014）述评》，《新闻春秋》2015 年第 1 期。
② 刘尚正：《15 年来我国新闻传播研究方法透视》，硕士学位论文，南昌大学，2014。
③ 张振亭：《中国新时期新闻传播学术史研究》，江西人民出版社，2009，第 165～166 页。

括观察法、个案研究法、访谈法、文本分析法等。①

丁淦林教授指出:"中国新闻史研究,基本上是采用传统的研究方法,即以史料为依据,作逻辑上、理论上的综合分析。"②

传统中国新闻史研究方法,根据研究脉络的不同分为纵向研究、横向研究、"新新闻史"研究三大类。纵向研究就是编年史研究方法,即以时间为经、以重大事件为纬对历史事件进行记录。编年史是中国各类新闻通史和地方新闻史著作中最常用的编写方式,以陈述史料知识为主,辅以其他各方面的资料。横向研究,即以某个时间点为中心,探索一个历史剖面中所体现出的分散发展的各个方面,以人物、民族、地域为中心展开研究,或进行跨学科研究,新闻与社会关系中的政治系统、经济系统的互动关系,都是新闻历史横向发展的重要内容。而"新新闻史",就是以当下为立足点,面向历史,综合运用社会史的研究范式和叙事学的叙述方法,从本质上来说并未突破前两种以时间为线索进行新闻史研究的性质。

从"范式"角度来讲,中国新闻史研究主要有两种代表性的范式:戈公振和他的《中国报学史》所代表的,流行于 20 世纪 20 ~ 40 年代的范式,是一种"体制与媒介经营范式"③,以新闻为主体,包括广告、运营、新闻法规等方面;另一种是"政治与媒介功能范式"④,该范式形成于 20 世纪 50 年代,相比戈氏的"新闻主体",该范式以媒介的"政治功能"为关注焦点,兼及新闻事业的整体发展进而形成一种"新闻史是新闻事业发展的历史"的新闻史观。⑤

随着新闻史研究的不断创新,不断有学者试图进行创新研究,吴廷俊教授力图借用"媒介生态"理论来解读中国新闻史;蔡斐提出大历史视角、

① 张振亭:《中国新时期新闻传播学术史研究》,江西人民出版社,2009,第 180 ~ 182 页。
② 丁淦林:《20 世纪中国新闻史研究》,《复旦学报》(社会科学版) 2000 年第 6 期。
③ 阳海洪:《探索中国新闻史研究新范式——基于媒介生态的视角》,博士学位论文,华中科技大学,2008。
④ 阳海洪:《探索中国新闻史研究新范式——基于媒介生态的视角》,博士学位论文,华中科技大学,2008。
⑤ 阳海洪:《探索中国新闻史研究新范式——基于媒介生态的视角》,博士学位论文,华中科技大学,2008。

本体性视角、互动式视角等"三个视角"①。此外，在各种中国新闻史的学术研讨会议上有不少新理论提出，如丁淦林教授提出的每个时期应围绕一个突出的中心来重点记叙，而报刊史在研究过程中应该始终贯穿中心思想；除了研究通史，还要研究具体领域，如少数民族报刊、革命报刊的作用；要写报纸业务，要写著名报刊活动家和著名报刊，要写报刊干部培训等。时期上的细分亦引起了不少学者的争议，如 2007 年，黄瑚提出新闻史应该跳出中国历史分期方法的禁锢，按照新闻事业发展的自身规律和社会发展的历史诉求重新划分为四个历史阶段；而丁淦林也认为，应将民国初期至新中国成立的三十多年以 1927 年为界分为前后两个部分，分别为建立全国新闻制度的选择时期和两种新闻制度的形成与角逐时期。②

无论是新闻研究范式还是新的时期分类，都摆脱不了历史的影响，依旧局限于参照革命史的分期法为基本思路来展开资料搜索和研究。虽然国内新闻学研究风生水起，但仍限于对中国自身新闻发展的历史性研究，虽有少数学者通过早期外国学者对中国新闻史的研究成果间接地认识和了解中国新闻史，从一个新的视角来思考中国新闻史，但大多数西方学者的中国新闻史研究的丰富史料依旧被忽视。

19 世纪末 20 世纪初的中国处于社会急速变革的内忧外患中，外来传教士试图将西方新的思想和观念传入中国，新型报刊萌芽；外国政府和商人企图在中国这片未开发的大地上占领土地、攫取金钱，而当时中国的知识分子在新思想的不断冲击下和腐朽无能的政府的影响下自发在挣扎中前进，开始学习传教士办报，意图从思想上武装国人，拯救中国于水火。他们在动荡的社会中开启了中国新型报刊的发展和变革之路，他们虽然努力挣脱但仍难以摆脱中国传统文化的窠臼，鲜有能力和精力来回顾和总结中国的新闻史，更难以用西方的以实证研究为主、体现物理科学的学术思维和方式对新闻事业进行研究。而西方报纸伴随着资本主义的发展而逐渐兴盛，其报业的特点，影响着西方学者对中国新闻史研究的视角。

20 世纪以来，世界性的汉学研究热开始兴起，其主要阵地集中于美国、

---

① 蔡斐：《从"两范式"到"三视角"：谈中国新闻史研究的路径创新——以抗战大后方新闻史研究为例》，《西南政法大学学报》2015 年第 4 期。
② 刘宗义：《中国新闻传播史研究态势：一个文献综述》，《重庆社会科学》2013 年第 9 期。

欧洲和以日本为代表的东亚，研究者们开始对中国新闻的发展进行一系列的实地探索和研究。20世纪30年代中期，紧张的中日关系将大批外国记者引入中国，随着抗战的持续，大批外国记者驻守中国，根据麦金农的研究，在20年代至40年代期间，一大波美国人涌入中国，他们的背景和来中国的动机各不相同，其中包括传教士、冒险家、激进分子和记者；他们或是出于对中国的浓厚兴趣来到中国，或是因为工作被调来中国。无论是正式的新闻报道的撰写、科研成果的出版还是私人性质的游记、日记的写作，他们都为中国新闻史的史料积累和研究做出了贡献。

二 西方的中国新闻史研究

西方中国新闻史的研究主要集中在西方汉学研究中，是其一个重要的分支。"汉学"（Sinology）或称"中国学"（China Studies），是以"中国"作为对象而展开的研究，其包括了中国历史文化、社会政治、文学、哲学等研究，也包含了对海外华人的研究。

20世纪以来，世界汉学研究在西方的主要阵地集中在美国和欧洲，其中，德国的新闻学的建立和发展又有其独有的特点，这也影响到其新闻史研究。

汉学家的圈子无疑很小，毕竟在各自所属的文化圈里，以中国为对象的研究要深入主流学界并非易事。因此，汉学家们倾向于将世界各地的中国研究者认作"同行"，他们的著作也常常互相指涉。但在表面的同一下，看似可以共享的理论背后，其实都分别蕴藏着各自领域的知识的"汪洋大海"，汉学家与他们的中国"同行"之间实际上是"不对等"的，他们有着各自不同的生活背景和研究领域，因而在对其进行具体分析的基础上再进行对比分析，进而形成一个较为系统的理论体系，非常有必要。

（一）美国的中国新闻史研究

美国的汉学研究不同于欧洲大部分基于理论的传统研究，它夹杂了很多现实观照、传教关怀和国家利益的成分。正如费正清所言，美国东方学会从一开始就有一种与众不同的使命感。

从美国的中国学角度来看，对中国的研究最早可追溯到来华传教士的汉学研究。19世纪末20世纪初，美国进入"新式新闻事业"时期，随着第一批新闻学院的创立以及包括新闻学基本原理、新闻采写原则、编辑学以及行业规范等分支学科的构筑，其学科体系逐渐建立完善，现代新闻学在欧美渐次形成。在欧美现代新闻事业奠定基础之际，西方新闻家开始周游世界并考察各国报业，其中亦包括中国。1832年《中国丛报》（*Chinese Repository*）的创办以及1842年美国东方学会的成立使美国的中国学研究步入正轨。其间，1838年由马礼逊编写的《京报分析》可以说是中国新闻业与美国学者最初的相遇。此外，亚禄克的《京报》和梅尔斯的《京报》等均涉及不少评价《京报》的文字，他们认为《京报》在本质上只是《邸报》在民间的翻版，并不具有实质性的新闻价值。[①] 研究显示，美国对新闻史的研究在20世纪初期就已具备了初步的世界意识，但这些对国外因素的分析更多的是出于国内问题分析的必要，而不是出于真正的自发的世界意识、全球意识。

20世纪20年代"比较新闻学"的兴起，掀起了中国新闻史研究的浪潮。伦敦《泰晤士报》的北岩爵士、美国密苏里大学新闻学院和世界报界大会的创始人威廉博士、世界报界联合会之新闻调查委员会会长格拉士等欧美新闻家连续访华，引起了中国新闻界的强烈反响。这些欧美新闻家访华引导汪英宾、赵敏恒等中国报人赴美留学，促进了中国报人的参与。在世界报界大会和新闻活动的引导下，更多的欧美新闻家考察中国报业，帕特森、聂士芬、白瑞华以及费正清等著名汉学家，在他们各自擅长的领域对中国新闻史发展中的各个角度进行了详细而又独到的分析。

20世纪末，随着中国文化的走出去，越来越多的海外中国研究者开始将目光集中到中国新闻史研究领域。2005年，哈佛大学费正清中国研究中心专门举办了一场名为"日常媒体研究：作为研究对象和资料来源的民国报纸，1911—1949"的研讨会。在他们的努力下，美国的中国新闻史研究

[①] 《田凫号航行记》，《洋务运动》（八），第147页。转引自章开沅、罗福惠主编：《比较中的审视：中国早期现代化研究》，浙江人民出版社，1993年，第566页。

从未停止，并充满了美式研究的实证主义特点。他们对中国新闻史的研究成果不只能够左右美国人对中国新闻史的认识，甚至可以帮助中国人从一个更新的角度去了解自己，既为美国学者的中国新闻学研究带去了第一手资料，也在一定程度上影响了中国新闻业的发展。

（二）德国的中国新闻史研究

欧洲，是世界汉学研究的又一重镇。其发展可分为两个阶段：19 世纪以前的简单接触和 19 世纪后逐渐深入的研究。欧洲的中国研究具有非常深厚的学术积淀，在中国传统的积淀和沉淀中，欧洲汉学研究也体现出了非常高的水平。

其中，德国的汉学研究独树一帜。德国汉学家们的中国新闻史研究，是在德国汉学研究的基础上所进行的特定学科领域的研究，成果丰硕，具有世界性影响。

德国的中国新闻史研究有其独特的发展模式。20 世纪 80 年代，中国热进入德国社会，在联邦各州以及许多大学，新的中国研究项目或活动应运而生，越来越多的在中国学术领域取得卓越成就的学者开始在其他领域任教，呈现跨学科交叉研究态势。由于德国新闻学研究兴起时的特点——在 19 世纪，一些著名国民经济学家从自己的专业领域展开研究，如著名的国民经济学家卡尔·毕歇尔、阿尔伯特·舍费尔以及卡尔·克尼斯等，他们身兼经济学家和新闻事业实务工作者，结合经济学发展规律，对新闻业的逐渐发展壮大及其过程中所日益显露的弊端有着亲身的体验与思考，在这种背景下，德国的中国新闻史研究充满了国民经济学家和汉学家的独特视角。

1962 年秋冬学期，德国最古老的大学——海德堡大学成立汉学系，这是德国汉学研究的一个重要阵地。海德堡大学汉学系分别由鲍吾刚（Wolfgang Bauer，1930～1997）、德博（Günther Debon，1921～2005）和瓦格纳（R. G. Wagner，1941～2019）担任主任教授。随着中国经济的快速发展，进行汉学学习和汉文化研究的学者越来越多。

论及德国学者对中国新闻史研究的影响，早在 20 世纪 40 年代就有罗文达的《中国宗教报刊》，收集了罗文达自 1936 年以来所发表的关于中国宗教报刊的各种研究论文，是目前所能搜集到的资料中西方学者研究中国宗教报刊最为全面深入的一本学术著作。20 世纪 60 年代，毛富刚（Wolfgang Mohr，1903～1979）的《中国现代报刊》为后来研究中国新闻事业历史的德国学者提供了翔实的史料。自 20 世纪 90 年代开始，梅嘉乐、燕安黛、费南山、叶凯蒂等多位在汉学研究方面颇有造诣的学者在海德堡大学汉学系齐聚一堂，组成一个名为"中国公共领域的结构与发展"的研究小组，为德国的中国新闻史研究的深入发展提供了一个平台。梅嘉乐的教授资格论文，燕安黛、费南山两人的博士论文，瓦格纳对申报馆的出版物《点石斋画报》的研究，叶凯蒂对晚清上海文人生活方式的研究等均将中国的新闻事业发展置于全球化背景之下，为中国新闻史研究拓展了一个新的视角。

海德堡大学汉学系的中国新闻史研究成果引人注目，不仅因其拥有优秀的专门研究小组和卓越的研究成果，更因其独有的研究方式。汉学家们大量研读报刊原始文本、中外文档案及其他相关资料，有力地提出了不少挑战以往史著中关于早期中文报刊的通行看法，为人们了解当时的社会及报刊发展提供了更为全面的资料和视角，颇具启发意义。

本书以 20 世纪著名的德国以及美国的中国新闻史研究学者的作品为例进行分析研究，选定的研究文本特指在"20 世纪"产生、以德国和美国的学者为主要作者、以研究（叙述或介绍）中国新闻史为目的和内容的"新闻史研究成果"，而不是单纯指研究"20 世纪新闻史"的成果。可以说，没有哪一个国家的新闻史比中国的新闻历史更丰富、更漫长，也没有哪一个国家的新闻史研究比中国具有更广阔的前景和研究空间。

Ⅲ. 德国汉学家中国新闻史研究的发展历程

1935年11月，一位伦敦《泰晤士报》驻上海记者说："中国同德国有着比其他任何外国列强更密切的关系。"

德国汉学家率先开始自发地研究中国新闻事业发展的历史与现状，与中德文化交流的历史、中德之间特殊的历史关系有着密不可分的渊源。

中德之间的文化交流，发端于明朝末年德国在华传教士的活动，兴盛于清朝末年对德国军事理论和技术的学习。在早期的中德文化交流活动中，传教士扮演了重要的角色。曾被康熙称赞为"鞠躬尽瘁"的臣子、来自科隆的德国传教士汤若望是中国钦天监第一个洋监正，也是唯一一个在明清两朝都影响了北京历史的西方人。

德国与中国经济和军事上的广泛联系开始于清朝末年。洋务运动过程中，清政府曾数次派遣官员去德国受训。李鸿章1885年在天津设立武备学堂时，聘用了德国督导。其后不久，张之洞更是聘请了35名德国军官来训练他所建立的自强军。这些德国军官既是教员，又兼任各协（旅）、营、队（连）的指挥官。袁世凯新建的陆军则专门为军官们建了一所德语培训学校。一大批德国的军事理论和技术的著作被引进。

20世纪初至二战爆发前，中国成为德国在远东地区最重要的工业产品销售市场和稀有矿产资源的提供者，而德国的政治、哲学思想更是影响了中国国民党的领导人孙中山、蒋介石。马列主义思想在中国的广泛传播是中国共产党成立的理论基础，它对中国当代历史发展所产生的全方位的影响，只有用"深远"这个词来形容才算确切。

一　德国汉学研究的发展历程

（一）20 世纪以前的德国汉学研究

德国学者对中国的研究可追溯到 17 世纪，与欧洲汉学有着分不开的联系。当时已有德国传教士如汤若望到达中国，并受到明清两朝政府的信任和重用，但汉学依然是隶属于东方学系和普通语言学系的学科，并且大部分汉学学者研究汉学也是单纯出自爱好。这一时期的德国大学尚无力培养专门的汉学人才。

19 世纪，德国的汉学研究达到繁盛时期，有许多历史学家和历史哲学家对中国感兴趣，熟悉中国的汉学家中有不少是德国人，这一时期涌现出了一批对德国汉学具有开创意义的汉学家。例如，在汉学和满学研究方面拥有巨大成就的帕拉特（Johann Heinrich Plath，1802～1874），其著述《满族地区的各民族》是第一部有关中国北部各民族的德文著作，为满族学 20 世纪在德国的蓬勃展开奠定了基础。汉学家绍特（Wilhelm Schott，1802～1889）在柏林大学开设了有关汉语和中国古代哲学的选修课，尽管这一切在当时依然隶属于哲学系，但对后来柏林大学建立汉学系却有开创之功。还有语言学家贾柏莲（Hans Georg Conon von der Gabelentz，1840～1893），曾到柏林大学东方语言学院讲授东方语言的课程，还被萨克森的文化和公共教育部于 1878 年 6 月 21 日任命为莱比锡大学东方语言的编外教授。这也是德国汉学的第一个教席。[①]

此外，地理学家李希霍芬（Ferdinand von Richthofen，1833～1905）在 1868 年至 1872 年，对清朝的 13 个行省进行了地理、地质考察，足迹遍布当时局势动荡的中华大地。他将自己路过的山脉、平原和一路所见一一记载下来，并从地质学的角度潜心研究。他将都江堰第一次详细地介绍给了世界，并对山西省的煤矿资源进行了估算。回国后，他先后出任柏林国际

---

① 李雪涛：《德国汉学的滥觞及其在 19、20 世纪之交的发展》，《国际汉学》2007 年第 1 期。

地理学会会长、柏林大学校长、波恩大学地质学教授、莱比锡大学地理学教授等，用后半生的大部分精力撰写了一部 5 卷本的鸿篇巨制——《中国——亲身旅行和据此所作研究的成果》。正是在 1877 年出版的《中国》第一卷中，李希霍芬首次提出了"丝绸之路"的概念，并在地图上进行了标注。这一术语后来被广泛采纳。他还最早提出了中国黄土的"风成论"，以及"五台系"和"震旦系"等地层术语。

1887 年，德意志政府出于外交目的，颁布了一项帝国法令，决定在柏林大学成立东方语言学院，开设了 6 门东方语言课程，包括汉语。除培训外，中国的风土人情和地理情况、宗教风俗也是授课重点。从这里走出了汉学家福兰阁、中国文学翻译家库恩等。

（二）20 世纪以后的德国汉学研究

20 世纪以前的德国汉学研究被称为"前汉学"。① 进入 20 世纪后，德国的汉学研究呈现出专业性的特点。1909 年，德意志政府在汉堡大学设立了汉学系。自 20 世纪 30 年代起，汉学研究形成了稳定的学科体系。此后，一大批汉学家涌现出来，如夏德（Friedrich Hirth，1845～1927），劳费尔（Berthold Laufer，1874～1934），福兰阁（Otto Franke，1863～1946），和佛尔克（Alfred Forke，1867～1944）等，他们对汉学进行了批判式的研究，并依据相关学科制定的原则对汉学内容进行诠释，为德国汉学的学科建设打下了基础。

二战后，德国汉学经历了重建恢复期，形成了三大汉学研究重镇：汉堡大学、慕尼黑大学与莱比锡大学。德国汉学家已经在国际上享有盛誉。

除了在高校研究机构研究汉学的学者外，也有很多在中国从事传教、印刷、教育等工作的专家，他们的学术成果并不在上述学者之下。但是由于种种原因，他们极富价值的学术研究在中国并未引起重视，如在中国从事新闻教育事业和新闻实践，并对中国新闻事业发展的历史有深入独到研究的汉学家罗文达（Rudolf Löwenthal）与毛富刚（Wolfgang Mohr）。

---

① 王维江：《20 世纪德国的汉学研究》，《史林》2004 年第 5 期。

二 德国学者的中国新闻史研究历程

国外对于中国新闻史的研究起步较早，在 19 世纪后期就出现了有关中国报刊史的文章，早期来华办报的传教士开了外国人对中国新闻史研究的先河。1895 年世界报界公会成立大会在维也纳召开，真正形成了西方各国学者互动与对话的场所，全球范围内的新闻史研究相继展开。据罗文达统计，截至 1937 年，关于中国报业研究的西文文献共计 681 种，包括英、法、俄、德、西班牙、意大利文等语言的著述。[1]

德国汉学家对中国新闻事业发展历史的研究，从现有成果与资料来看，可以分为两个阶段：以 20 世纪 30 年代罗文达等在华学者的研究为肇始，多是个人的自发性行为，其成果虽重要，但在当时并未产生国际性影响；而 20 世纪 90 年代开始的以海德堡大学汉学系为代表的研究，则可视为集体行为，学者们将中国新闻发展史置于全球化视野下，以哈贝马斯的公共领域理论为指导，研究具有系统性，其所取得的成果，因而也更加具有影响力。

20 世纪 30 年代，德国犹太裔学者、燕京大学新闻学教师罗文达对中国的新闻业展开了一系列实地调查，进行了多项研究，对中国的区域报业现状、中国新闻事业的资本市场和发展阻力、公共传播业、宗教报刊和犹太人的新闻事业等进行了实证调查，获得了大量的第一手数据，并发表了一系列论文，出版了史料价值极高、为宗教史著述频繁引证的《中国宗教报刊》，以及对西方的中国新闻事业研究文献搜罗极其详尽的《关于中国报学之西文文献索引》等著作。

此外，他还对境外中文报刊的出版发行及其影响力，以及中国境内的其他语种报刊的现状等比较冷门的内容进行了研究，为今天我们研究华文报纸的海外传播历史提供了殊为难得的史料。他的研究成果大多以论文的形式发表，而他的《中国宗教报刊》至今依然是研究中国宗教报刊历史最为权威的著述。

---

① 罗文达：《关于中国报学之西文文献索引》，《社会经济季刊》1937 年第 9 卷第 4 号。

　　而身为机械工程师的毛富刚（沃尔夫冈·莫尔，Wolfgang Mohr）通过对原始报刊资料的搜集和对中国社会的研究，写出了《中国现代报刊》，介绍了自晚清至 1956 年中国报刊的发展历程。20 世纪 60 年代，他已在德国慕尼黑大学讲授中国近现代报刊课程，并出版了三卷本的《中国现代报刊》，后来研究中国新闻事业历史的德国学者，皆援引他的史料。①

　　20 世纪 90 年代，随着中国的国际地位和经济文化实力的不断提升，西方国家对于中国新闻史的研究持续升温，尤其是美国、德国和日本等国的中国新闻史研究在其东亚研究中一直占有重要地位。

　　当时，受哈贝马斯公共领域理论的激发，西方汉学界掀起了关于中国早期（主要是 19 世纪）公共领域的讨论热潮。德国海德堡大学于 1994 年成立一个名为"中国公共领域的结构与发展"的课题小组，在瓦格纳教授的带领下，他们从晚清至民初中文报刊的角度切入，研究中国的公共领域，组员们立足报纸文本，不拘泥于长期通行的结论，在研究时相互交流，彼此激发，开拓了广泛的研究空间，获得了许多新的观点②，并诞生了一系列有世界影响的研究成果，如瓦格纳教授的《进入全球化的想象图景：上海的〈点石斋画报〉》，梅嘉乐教授的《一份中国的报纸：上海新闻媒体的力量、认同和变化（1872—1912）》、费南山的《中国新闻业的起源（1860—1911）》、《联合对划一：梁启超和中国"新新闻业"的发明》、《读者、出版者和官员对公共声音的竞争与晚清现代新闻界的兴起（1860—1880）》、燕安黛的《只是空谈：十九世纪末中国的政治话语与上海报刊》、《为革命话语提供基础：从经世文编到定期刊物（在十九世纪的中国）》、《现代化都市的文人和知识分子的社会责任——试论〈申报〉主编上海黄协埙》等。

　　由上述资料不难看出，德国学者在中国新闻史的研究上有着丰厚的成果，特别是对于晚清和民国时期的新闻业研究呈现专业化、精细化的特点。然而他们的研究成果尚未引起中国学界足够的重视，这不能不说是学术界的一大遗憾。故本书力图通过对罗文达与毛富刚、瓦格纳等汉学家的英文、德文著作进行翻译汇总研究，梳理其理论成果，以求弥补这个遗憾。

---

① 参见鲍吾刚为毛富刚的《中国现代报刊》（弗兰茨·施泰纳出版社，1976）所做的序。

② 周婷婷、郭丽华、刘丽：《海德堡大学汉学系早期中文报刊研究概况》，《新闻大学》2007 年第 3 期。

第一部分

早期汉学家自发的中国新闻史研究

罗文达的中国新闻事业研究[*]

罗文达，原名鲁道夫·洛文塔尔（Rudolf Löwenthal），德国犹太学者，是 20 世纪 30～40 年代在中国从事新闻教育与研究的汉学家之一。罗文达的中国研究，涉及范围相当广泛，除中国犹太人的历史与生存现状、中国的版权法以及亚洲与俄国关系外，中国新闻事业也是他的研究重点。在从事新闻教育之外，他以传播学的研究方法对 20 世纪 30 年代中国新闻业的发展状况进行调查，以具体数据分析中国大众传播媒介发展状况、中国报业发展的现实障碍等。他将传播观引入新闻学的研究，扩展了中国新闻学的研究范围，并为中国的新闻传播学研究培养了人才。而罗文达对中国新闻学最为重要的贡献，是他系统地研究了各大宗教在中国的报刊出版情况，数据翔实、资料丰富，在西方产生了较大影响，对今天的新闻史研究仍具有参考价值。

但罗文达的早期中国新闻事业调查及其研究成果并未得到国内学术界的足够重视，这不能不说是当代中国新闻史研究的一个缺憾。

一 罗文达其人及在中国的学术活动

关于罗文达，肖东发主编的《新闻学在北大》记载如下：罗文达（Rudolf Löwenthal），德国学者，柏林大学哲学博士，研究新闻业史，希特勒排

---

* 本文原名为《罗文达的近代中国新闻事业研究》，原刊载于《新闻与传播评论》2012 年第 00 期，作者刘兰珍，略有修改。

犹时来华。1934 年春到燕京大学新闻系兼任教师，讲授世界新闻史，研究北平出版的中外文报刊和中国的版权等，同时指导毕业论文。①

书中对罗文达在燕京大学新闻系的教学工作还有这样的介绍：在沦陷后的孤岛，新闻系教师队伍零落星散，专任教师除新闻系主任刘豁轩，只有助教张景明担任主课。负责中、英文写作与编辑和毕业论文指导的也只有孙瑞芹和罗文达两位兼任讲师。当时罗文达负责的课程是世界报学史。②

不过，书中将罗文达归为"外国报纸、通讯社驻华记者"一类，似与事实有出入。在其好友洪业③的回忆里，罗文达家里相当有钱，能讲流利的德语、法语、英语、俄语。希特勒上台后，他看情形不对，便离开德国，买了船票来到中国，因为听说中国开封几百年来有犹太人住在那儿，不受歧视。后经人介绍，罗文达到燕大来找洪业，请他帮助找份工作。洪业与他谈得很投机，就介绍他到法学院教经济学。可是学生对他不满，说他太严格，而且谈到革命就没有耐心。洪业想到他既懂得那么多语言，就安排他在图书馆外语采购组，结果他用犹太人的精明，为燕大从国外弄到不少免费的图书，他还把有些书报与别的大学出版社交换，又省了钱。罗文达决心做中国人，洪业便担保他入中国籍。在北平的时候，他除了从事新闻教学外，还与在北京的德国汉学家联络，为他们提供俄国的学术翻译资料。④

到底罗文达是燕京大学新闻系专职教授还是兼职讲师，众说纷纭。《燕京新闻》是燕京大学新闻系为教学实践而于 1934 年 9 月创刊的一份出版物，其第七卷第 17 期刊登了一篇关于罗文达的简讯，曰：本校新闻系讲师罗文达先生之父及妹，最近由德国来华。据闻其妹现寓英文系主任谢迪克先生宅，其父则在北平云。美国汉学家柯马丁也提到："罗文达……1934 到 1947 年成为燕京大学新闻学讲师，主讲比较新闻学。"⑤

---

① 肖东发主编《新闻学在北大》，北京大学出版社，2006，第 65 页。
② 肖东发主编《新闻学在北大》，北京大学出版社，2006，第 71～72 页。
③ 洪业（1893～1980），号煨莲，福建闽侯人，当代杰出的史学家、教育家。时任燕京大学教务长。——作者注
④〔美〕陈毓贤：《洪业传》，北京大学出版社，1996，第 146 页。
⑤〔美〕柯马丁：《德国汉学家在 1933—1945 年的迁移——重提一段被人遗忘的历史》，《世界汉学》2005 年第 1 期。

燕京大学的校内刊物《燕大周刊》上曾经刊登过一篇署名"杰"的文章《记罗文达博士》，文中除了对罗文达幽默搞笑的举止形象进行描述之外，还为我们提供了一个信息，即罗文达当时任"新闻系比较新闻学教授"。

《美国的中国学家》的相关词条则显示："Loewenthal, Dr. Rudolf 洛温索尔博士……1934—1947 年燕京大学教授……专长：中俄关系；亚洲俄国的发展；中国宗教刊物出版情况。"①

从洪业等权威人士的回忆以及肖东发的研究看，罗文达应该是兼职讲师，主要讲授比较新闻学和世界报学史这两门新闻学的基础课程。刘方仪在研究燕京大学新闻学教育时提到："这些课程中，学生们比较偏好的包括……罗文达（Mr. Löwenthal）的比较新闻学……"②

从以上资料可以看出，罗文达对于中国早期的新闻教育是有贡献的。

1947 年，罗文达移居美国，并于 1957 年入籍，1996 年去世。关于他在中国期间的研究活动，柯马丁总结说，他"撰写了一些关于中国出版发展的著作，特别是关于宗教（天主教、伊斯兰教、佛教、犹太教）的期刊，并发表了关于中国犹太人的丰硕著作。此外，他发表了俄罗斯—伊斯兰和中国—伊斯兰研究成果，编写书目，准备俄文学术成就的翻译，并撰写各种中亚主题的文章"③。

二 罗文达的中国新闻传播研究

在中国的十多年的时间里，罗文达对中国新闻事业做了大量的研究。概括起来，其中国新闻事业研究主要有以下几个方面。

1. 对中国区域报业现状的调查研究

这方面的研究以《天津报纸：一项技术调查》（*The Tientsin Press：A*

---

① 中国科学院哲学社会科学部情报研究所编《美国的中国学家》，1977，第 175 页。
② 刘方仪：《中国化新闻教育的滥觞——从 20 世纪 20 年代燕大新闻系谈起》，《北京社会科学》2004 年第 2 期。
③ 〔美〕柯马丁：《德国汉学家在 1933—1945 年的迁移——重提一段被人遗忘的历史》，《世界汉学》2005 年第 1 期。

Technical Survey）等为代表。

《天津报纸：一项技术调查》完成于 1935 年，发表于 1936 年元月号的《中国社会与政治科学评论》（*The Chinese Social and Political Science Review*），是罗文达对中国新闻事业进行的早期调查。罗文达的研究以天津的报纸作为对象，调查报纸的数量、出版年数、发行量、版面、新闻纸的需求量以及订阅比例等。作为一个严谨的西方研究者，罗文达以日报作为其调查对象，是因为罗文达认为统计学在中国尚处于起步阶段，可靠的数据收集极为困难，所以他将调查目标限定在具体的技术和经济问题上。

罗文达根据天津报纸（专指日报）的总发行量和报纸版面的大小计算新闻纸的需要量，统计出天津的日报每年新闻纸的实际总需求量、报纸的新闻纸需求量占整个出版业的比例，以及河北省的年新闻纸需求量与全国需求量的比例。

罗文达提出，由于中国尚不能自己生产如此价格低廉的纸张来与其他国家竞争，这个统计数据就意味着中国每年要从日本和加拿大进口全部的纸张，而花费了大量外汇购进的新闻纸，用于印刷小报，且订阅率如此低，是颇令人惋惜的浪费。

此外，罗文达还调查了中国报纸的零售价和订阅价格，认为中国的报价之所以便宜于西方国家，主要归因于其版面小和廉价的人工。罗文达比较了中国报纸的售价、定价以及销售商和报贩利润等方面与西方国家的差异，指出，从经济方面看，中国的报纸主要存在三个明显的不足：发行量小、版面小、收入低。

通过调查，罗文达发现在天津登记注册的新闻通讯社有 16 家，对于一座只有 80 家报社的城市而言，这是莫大的浪费。一些小报甚至没有能力购买通讯社的新闻，它们干脆直接从大报上剪辑过来。在质量方面，大量的报纸接受津贴。不接受津贴的报纸水准更高，且发展基础更好。

对天津报纸的调查结果表明：中国报纸正处在转型时期，而邮政系统对报业发展起着推动作用。

2. 对中国公共传播业的调查研究

罗文达研究中国新闻传播事业的重要论文《1937 年 7 月之前的中国公共传播》（*Public Communications in China before July 1937*），发表于《中国社会与政治科学评论》1938～1939年第42期（*Chinese Social and Political Science Review 42, 1938–1939*）。该文以极其翔实的数据，具体分析了中国在1937年抗日战争全面爆发之前大众传播媒介的发展状况，包括书籍出版、定期出版物——期刊与报纸、广播、电影、电信事业的发展、分布状况、产值等，其研究目的是根据中国公共传播的现实情形来分析在1937年7月之前中国公共传播的质量与发展潜能。这是目前所能看到的关于当时中国大众传播事业最为全面和翔实的一篇论文，对于中国新闻传播事业史研究极具参考价值。值得注意的是，自20世纪20年代"传播"（communication）一词引入中国，这是第一次有研究者将传播观引入中国新闻事业的调查研究中。

该文章指出，公共传播主要是通过出版物、电影和电信三个渠道来实现。由于这些在中国尚属新生事物，且覆盖的区域很小，其发展态势较西方更容易跟踪。

罗文达对1928～1936年的图书出版市场，包括图书的种类、卷本数以及价值等进行统计，发现在所有出版物中，自然科学和技术类仅占9.4%，相反，通俗读物和社会科学出版物占65.5%。他认为，像中国这样的国家，正处于经济和社会建设之中，急需大量的技术著作。上海、南京、北平等六大城市在图书传播中占有绝对优势地位。通过调查，罗文达还统计到当时的中国已有4000～5000座图书馆，这也是广大读者接触图书的有效途径。

罗文达调查了全国22个主要省份1934～1936年报纸和杂志的数量变化，认为杂志对中国的政治和社会的影响远远超过了书籍。拥有报纸数量最多的依然是江苏和河北，而占人口仅2%的五大城市如上海、南京等拥有2/3的报刊发行量。同样，罗文达在这篇文章中对中国的新闻纸需求量进行了统计，发现上海、天津和广州的新闻纸进口量占全国的90%。

比较有趣的是，罗文达还研究了中国戏剧传播的情况。他发现中国的戏剧舞台上，对西方戏剧的翻译或者根据西方戏剧改编的戏剧占有越来越大的比重，而且戏剧创作往往和大众教育运动相结合，致力于向农民进行文明和卫生传播。

中国的电影传播与报业的情况类似，电影院主要集中在九大城市。电影的生产投入逐年大幅度增加。罗文达还调查了中国从西方进口电影音响设备、胶片、影片的情况，并以图表的形式详细统计了中国 1932 ~ 1936 年中外电影的放映情况，其中外国电影放映量远远多于国产影片，美国电影对中国观众的影响甚大。

在电信传播方面，罗文达认为，在中国公共传播中发展最快的应属电话和电报事业。他对 1936 年之前中国电话局的用户数、电话线的总长度，电缆和电报线路以及电报公司、主要海外电缆线路，无线电报、无线电话和无线广播等无线传播方面都进行了详细的数据统计。他指出，电信传播的出现适应了中国经济发展的需求，而且与国际接轨。但是电信传播的地域差异也十分明显，一方面是工业和商业中心电信的成功发展，另一方面是广大的农村和郊区与此形成的鲜明对照。

这些调查研究向我们全方位展现了当时中国公共传播事业发展的轨迹和现状。通过这些调查，罗文达得出结论：中国的电信传播卓有成效，但报刊、电影和戏剧传播却是不充分的，这种状况归因于购买力的不足以及教育的不足。1937 年的中国正在发生着根本的改变，这种变化对整个民族的影响达到了史无前例的程度。对其政府而言，与农村民众建立持久的联系并将其纳入公共传播的体系中，都将是非常有必要的。

3. 对中国新闻事业发展阻力的调查研究

罗文达与燕京大学新闻系同事聂士芬合撰的论文《中国新闻事业的责任要素》（*Responsible Factors in Chinese Journalism*），发表于 1936 的《中国社会与政治科学评论》第 20 卷（*the Chinese Social and Political Science Review*, Vol. 20），该文翻译后以《中国报业前进的阻力》的标题刊登在《报人世界》第 6 期。译者在文前加有如下说明："此文作者聂士芬（Vernon Nash）、罗文达（Rudolf Löewenthal）两君，一为美人，一为德人，皆执教于燕大新闻学系，二氏研究中国新闻事业有年，此文对中国报业不进步的原因，观察极为透彻，爰为述译，以兹参考。"这篇论文主要探讨了 20 世纪 30 年代中国报刊发展举步维艰的现状及其原因。

聂士芬与罗文达研究认为，中国报业落后的原因有四：交通不便利；国内文盲太多；检查制度不统一；人民贫穷，订不起报纸。而人民贫穷，订不起报纸与报纸的发展关系最为密切，因为固定订户太少，仅靠广告收入，报纸的经济独立难以实现。

罗文达之所以研究中国新闻界社会责任意识的问题，应该和他所意识到的中西方新闻道德的差异，以及他所理解的中国新闻事业所应承担的责任有关。林语堂认为，中国新闻与西方新闻的不同还在于新闻道德方面。"面子"因素在中国的各行各业都十分重要，新闻界也不例外。他认为审查的罪恶比实际上的增或删还要隐蔽，中国的审查是偶发的、不一致的。审查官心中无数，毫无准则可依。编辑们也就没有准则可依。他们不知道什么可以获得官方的批准，什么不可以获得批准。因此，审查的间接影响大于它的直接影响。①

为此，聂士芬和罗文达探讨了中国的新闻学教育和新闻事业的责任问题。他们认为，为了使新闻事业的发展更适应中国当代的特点，有必要从整个领域来调查研究新闻。这一研究将有助于取代外国文献材料和教材的翻译，最终为新闻业和其相关领域服务。但研究中国新闻事业的一个突出问题，是必要的数据难以收集。虽然这样的事实在所有国家或多或少都存在，但在中国尤为突出。如果不解决这些问题，新闻事业在中国将无法得到真正的发展。

罗文达的这些研究对于同时代的中国研究者如马星野、胡道静等产生了影响，开启了后来者对中国新闻事业发展现状的进一步调查，并成为许多国人研究中国新闻传播现实的依据。马星野在《中国报业前途之障碍》中提到："据德人罗文达博士的统计，中国每天出版的报纸，总数约一百五十万份到两百万份，依照全国人口总数四万五千万计算，每个中国人一年只得到两份报纸。在西方各国，每人每年有八十份报纸，是很普遍的现象。美国……平均每四人得报一份，反观吾国，据罗文达博士估计，约每八百人始得报一份……"② 胡道静在《普建地方报要求之再喊出》中也提到，燕京大学新闻系罗文达教授说："中国的报纸，大多数销行于沿海的大都市中，约占三分之二的中国报纸，销行于上海、南京、广州、北平、天津五城，其他之人口占全部百分之二；于是百分之九十八的绝大多数，只受用三分

---

① 参见林语堂《中国新闻舆论史》，王海、何洪亮主译，中国人民大学出版社，2008，第 134 – 135 页。
② 马星野：《中国报业前途之障碍》，《申报周刊》1936 年第 49 期。

之一的全国报纸销行额，而且那些报纸还不是全部销行于乡村!"①

4. 对中国宗教报刊的全面调查和研究

《中国宗教报刊》（*The Religious Periodical Press in China*）是罗文达最为重要的一部论著。该书 1940 年由中国宗教委员会（The Synodal Commission in China）出版，是一本论文集，收录了罗文达自 1936 年以来在中国出版的各种研究宗教报刊的论文，其中部分研究为他所指导的毕业生所完成。

中文书名《中国宗教期刊》则由罗文达的好友、时任燕京大学教务长的著名汉学家洪业题写。在前言中，罗文达介绍说这本专著在写作过程中最大的困难是将分散的文献和宗教机构的信息收集起来，出版该书的目的是对中国宗教宣传的渠道、定期报刊进行系统分析。这个分析结果尽管依赖于有限的资料，但覆盖的地域极其广泛，涵盖了中国不同种族和民族的核心宗教信念、宗教宣传媒介等关键内容。

这本文集对宗教传播的重要渠道进行了分析，对于中国新闻事业和公共事务的作用，已经超出了宗教的范畴，对于现代宗教工作者、社会学家、新闻工作者、宣传家和历史学家，以及其他对中国感兴趣的人都大有助益。

在这本著作中，罗文达和他的学生以及助手调查了世界主要宗教——西方天主教、新教在中国的报刊出版情况，中国三大传统宗教包括佛教、道教和儒教，以及少数教派如伊斯兰教、犹太教和俄罗斯东正教报刊的出版情况，包括各宗教报刊的整体发展历史、创刊年代、分布地域、发行数量、刊期、语种等。这本著作数据翔实，包括 7 幅地图与 16 张图表。

该著作的第三部分"中国的新教报刊"是罗文达的学生古廷昌撰写，原是其为 1936 年的学士论文所准备的，作为其他宗教类报刊研究专题的补充研究。古廷昌在前言中说，这项研究是在罗文达博士的建议和指导下进行的，罗文达博士在后期对其进行敦促和鼓励。② 古廷昌说这项工作是运用问卷调查的方法，在 1935 年 12 月开始在近郊机构中进行，并于几个月后继续进行并完成。而"中国的三个主要宗教的报刊"这部分是罗文达与其学生梁允彝和图书馆助理馆员陈鸿舜合作完成的。

---

① 胡道静：《普建地方报要求之再喊出》，《战时记者》1939 年第 8 期。
② Rudolf Löwenthal, *The Religious Periodical Press in China*（Peking: The Synodal Commission in China, 1940）, p. 73.

从这里可以看出罗文达在指导学生的过程中，已经尝试性地将西方传播学的调查研究方法运用到对中国新闻传播业现状的调查之中，这可以说是他对中国新闻学研究方法的丰富。

罗文达在研究中遇到的最大困难是寻找相关出版物，而他自己在上海和天津停留时就已经留意和收集相关数据，并且和各方都保持着密切的合作关系。而且，他突出的语言天赋也为他的研究提供了便利，使得他的研究视野更为开阔。

这本书是典型的西方思维和研究模式：首先，使用丰富的各种语言的参考文献，介绍某种宗教报刊在中国的发展历史与传播概况；其次，分时期、分阶段地进行统计调查，以详细的图表和数据从各个角度解析宗教报刊的发展轨迹，如在《在华天主教报刊》中，以1917年和1939年作为两个时间的分水岭，从出版年代、刊期、语种、出版地诸方面，比较1872～1939年中国的天主教报刊的数量、发行量、特点、版面和订阅率、地域分布等，并对中国的主要省份和境外的天主教报刊的情况有详细的调查数据，以及对报刊的主要出版者——天主教的各教派机构及其出版情况也有调查统计；最后，通过调查所获得的具体数据，得出他的研究结论。

罗文达认为他对中国宗教报刊的调查是一项详细的研究，一项在现有条件下令人满意的全面的分析。而这些研究是为了三个必须要回答的问题：

对于资助报刊出版的宗教机构而言，这些报刊的意义何在？

对于其目标读者而言，这些报刊的意义何在？

对于这个国家而言，这些报刊的意义何在？即它为这个国家提供着什么样的服务？[1]

他认为，对于宗教机构而言，数百种以各种语言出版的刊物是一个更加有效的传播渠道，无论是为了与其所在国家的教会保持密切联系，还是为其在欧美的教会做宣传，或者是为了向基金会募捐，等等。而一些高水准的科学出版物，主要是为了向西方传播更为详尽、准确的中国知识。

关于宗教报刊对于读者的意义，通过对宗教刊物在全国各省份和主要

① Rudolf Löwenthal, *The Religious Periodical Press in China* (Peking: The Synodal Commission in China, 1940), p.279.

033

城市的分布情况和发行量的调查，罗文达发现，尽管在中国各地传播的宗教期刊被视为一种令人注目的成就，但不应忽视的是，它们中的大部分发现范围小、读者面窄、刊期长，与读者的联系松散，因此很难对读者起到强有力的作用。

关于宗教刊物对于中国的意义，罗文达认为，尽管中文的宗教报刊分布区域极其广泛，却只传播到很小的一部分民众中。其中很大的原因在于中国普遍的现实情形中的几个因素：居于首位的就是文盲率，第二是传播（通信）的落后，第三是与西方国家相比而言较低的大众购买能力。而中文的宗教报刊的历史贡献是它们向中国介绍了现代报刊以及西方的印刷技术，并有利于识字率的提高。

另一方面，罗文达发现中国宗教报刊的内容和管理的缺陷：一是许多宗教报刊的内容以抽象的神学问题为主，艰涩难懂，远离日常生活以及读者的需求；二是宗教报刊之间缺乏必要的协调。罗文达认为，每个宗教的中心机构应该重视其内容的宣传，可增加一些非宗教性的新闻和有用的信息来吸引教内外人士，因为中国的民众需要这些信息，以便读者对急速变化的形势进行判断，并开阔其思想，且也能刺激民众中的文盲群体。

当然，罗文达也看到，中国的报刊不会全盘走西方的路线，毕竟教育、传播和经济等现实情况与西方国家不同。首先，中国的报刊不会像欧美那样利用广告，中国的报刊在这方面的收入相对而言是不能令人满意的。再加上中国有限的通信设备，这一切都极易导致政府对报刊各种方式的津贴。

5. 对中国版权法发展的研究

《中国版权法》是罗文达对近代以前中国版权法发展历程的研究成果，全书约 1 万字，罗文达在书中试图从中西两个方面解释中国未参加保护国际版权法会议的理由，并分析中国版权法的发展现状。[①]

罗文达首先介绍了版权法的起源。他在书中介绍，版权法起源于中世纪的欧洲，第一套版权法是英国在 1710 年颁布的，而国际上对于版权的保障直到 18 世纪末及 19 世纪前半叶才开始。英国和苏联等国家根据自己的国

---

① 罗文达：《中国版权法》，高井琛、丁龙宝译，燕京大学新闻学会，1941。

情，在不同程度上接受了版权法。

罗文达分析了中国版权长期得不到保护的问题，他认为这和中国的历史因素有关。在 12 世纪之前，中国没有对翻版进行限制，甚至有鼓励意味。主要原因有三：一是传播知识的愿望，书籍一直被视为神圣的事物，翻版有利于书中内容的传播，可以让更多的人接触到；二是愿为家庭扬名，中国历来有尊崇文人的传统，尤其是著书立说，这对整个家族都是非常荣耀的事件，如果有人愿意翻版发行，作者及族人与朋友是乐于接受的；三是技术经济的制约，笨拙的印刷技术使印刷成本很高，而作者一般不会以此牟利。

值得一提的是，罗文达在书中举出了六个从 19 世纪下半叶到 20 世纪末的禁止私人重印书籍的案例，其中第一个案例发生在南宋时期。但在罗文达看来，这样的案例并不能代表当时对版权的保护，与其说是规章制度，倒不如说是例外。而且能否支持诉讼者的权利，参考的并不是相关的条文，很大程度上依赖的是这个人的社会地位。

1814 年，西方印刷技术传入中国。① 彼时，欧洲的工业革命如火如荼，随之而来的是中西方文明的碰撞，版权也是这碰撞中的一朵浪花。和近代科学技术的发展一样，中国的版权法也是在西方文明的入侵下兴起的。自 19 世纪起，英文成为国际上最流行的语言，中国也开始翻版英文书籍或者将其翻译为中文出版。而涉事的英美要求中国对其版权进行保护。没有版权法的中国在最初只是对外国人的版权进行了保护，但同时也促进了版权法在中国内部的建立。

中国与美、英、日之间在版权法问题上进行了一系列的博弈，罗文达对此间的各种条文进行了详细的记录。如"与中美条约同时，中国同日本签订了中日通商条约，里面也包括了同样的版权条约。该条约第五款里面说：'日本臣民特为中国人应用期见……'"②

受历史因素影响，无限制的翻版发行对中国人来说是司空见惯的事情，即使在近代社会，国人往往因身在其中不能自省。身为外国人的罗文达则

---

① E. C. Bridgman, "Introductory Remarks," *The Chinese Repository*, 1833, 2 (4), p. 617.
② 罗文达：《中国版权法》，高井琛、丁龙宝译，燕京大学新闻学会，1941，第 65 页。

能站在旁观者的角度敏锐地进行观察和分析。

据罗文达调查分析，中国翻版的书籍主要是关于政治、经济、科学、文化方面的外文教材，正在变革时期的中国对此类书籍有很大的需要。罗文达从经济的角度分析了中国翻版的原因：一方面，在中国，以此谋生的观念未能根深蒂固，大多数作家并不是靠撰写文章或出版发行来养活自己，目的多为贡献自己的研究成果或传播自己的观点；另一方面，对大多数中国人来说，外文图书价格过高，他们负担不起。近代中国的经济水平远远落后于西方国家，国人的贩卖能力低下，而外国书籍装潢奢华，价格昂贵，同时各方尤其是教师、学生需要大量的部头较小的书籍作为教材，供需之间的矛盾促使国内翻版书的出现。

作为从小接受西方教育的德国人，罗文达能客观分析中国翻版书籍的原因，并给出解决方案是非常难得的。他提出，所有未经特许的翻版书籍或是翻译都要到一个中心机关去注册，详细注明翻印本数、成本和利润。然后根据翻印的本数或是卖出的本数，再或是从预期的利润中抽出百分之几，用来补偿外国版权的所有人和这个注册机构的经费。这个折中的办法在近代的书籍发行中从未有过，但又是比较可行的，对当时的翻版发行有较大的借鉴意义。

6. 对近代中国"有限效果传播"现象的研究

（1）20 世纪三四十年代的理论背景

20 世纪三四十年代是传播学发展的初始时期，这一时期的传播理论和相关研究多出现于西方国家。杜威、帕克等人在 20 世纪二三十年代将传播学传入中国，并在燕京大学讲课。不过遗憾的是，当时的中国还没有传播学的学科意识，杜威、帕克表达的传播学观点，既没有帮助中国树立传播学学科的意识，也未对中国的新闻学产生很大影响，只是影响了当时中国的社会学。

20 世纪初到 30 年代末，西方的报刊、电影、广播等大众媒介迅速发展，传播效果研究开始在西方掀起热潮。"魔弹论"或称"皮下注射论"，成为这一时期的主流观点。该理论认为，传播媒介拥有不可抵抗的强大力量，它们所传递的信息在受传者身上就像子弹击中躯体、药剂注入皮肤一样，可以引起直接、快速的反应；它们能够左右人们的态度和意见，甚至支配他们的行动。[1]

"魔弹论"的产生和当时大众报刊的快速普及是密不可分的。虽然这一时期的中国可能没有人知道"魔弹论"的存在，但宗教报刊和其他党政报刊在中国大量发行这一事实却是客观存在的，也就是说，当时中国大众报刊的发展是符合"魔弹论"产生的条件的。

从20世纪40年代开始，"魔弹论"受到质疑，"传播流"的研究和"有限效果论"开始登上历史舞台。1960年克拉帕在《大众传播效果》一书中提出了关于大众传播效果的"五项一般定理"，这些观点被称为"有限效果论"。[2] 这两个理论都说明信息从发出者到受众的传递过程会受到很多因素的影响，单一的大众传媒并不能左右人们的态度。大众传播的无力性和效果的有限性是这两个理论的主要观点。

（2）罗文达对"有限效果论"的预证

罗文达在1940年出版了《中国宗教报刊》一书，这本书中集结了他和其他几位学者对各个宗教在华出版期刊的调查报告。罗文达在书中指出，虽然不得不承认宗教期刊在中国各地的传播取得了令人瞩目的成就，但是不容忽视的是，这些报刊只在很狭小的范围内传播。此外，这些期刊出版间隔的时间将近一个月，与读者的联系比较松散。

罗文达还指出，除了专业领域的期刊，流通情况必须作为一个期刊成功与否的基础标准，而目前在华出版的宗教期刊有很多都是免费赠送的。而且，许多宗教期刊的内容都是和神学相关的问题。比如，教义这类的文章和读者的生活距离太远，对读者的意义也有限。当时的中国存在大量文盲，他们尚不能认得报刊上的字，就更不要说理解并接受这些内容了。因而宗教期刊对当时中国人的传播效果是非常有限的。

通过罗文达的调查报告不难看出，罗文达对当时宗教期刊的传播情况做了大量具体的调查，他所指出的问题都是切实可信的。根据罗文达这本书出版的时间和调查报告的内容可以推测，在20世纪30年代，罗文达就已经认识到期刊对读者的传播效果是有限的，而不是单纯的全盘接受，而当

---

[1] 郭庆光：《传播学教程》（第二版），中国人民大学出版社，2011，第176页。
[2] 郭庆光：《传播学教程》（第二版），中国人民大学出版社，2011，第180页。

时西方正在盛行的是"魔弹论",至 40 年代之后"有限效果论"才被提出。

当然,由于资料的有限性,笔者并不能百分之百确定罗文达对于"传播效果是有限的"这一认知早于克拉帕,也不能确定当时身处中国的罗文达是否清楚西方在传播学上的发展状况。况且,罗文达也并没有将他的研究上升到理论的高度。尽管如此,我们仍应当认识到罗文达调查研究的价值。一方面,他丰富了近代中国新闻传播业对于传播效果研究的资料,甚至是弥补了其空白。另一方面,他指出了宗教期刊在中国的传播效果是有限的,这不仅补充了近代中国传播学的理论研究,更是为"有限效果论"这一重要的传播学理论提供了佐证。

7. 其他的专题研究

这主要有对研究中国新闻事业的西文文献的整理,对境外中文报刊的出版发行和影响的研究,如《澳大利亚洲的中文报纸》①,以及对中国境内的某些语种报刊的现状的研究,如《中国的俄国日报》(*The Russian Daily Press in China*)(发表于《中国社会和政治科学评论》1937~1938 卷)。

对中国新闻事业研究相关文献和参考书目的搜集整理如 "Western Literature on Chinese Journalism: A Bibliography",该文刊载于南开《社会经济季刊》(*Nankai Social and Economic Quarterly*) 1937 年第 9 卷第 4 号,中文题目为《关于中国报学之西文文献索引》,后由天津南开经济研究所刊印。这部目录索引收录了 681 种研究中国新闻事业的外文文献,包括英、法、俄、德、西班牙、意大利文著述,是难得一见的相关西文文献汇集。

在抗日战争全面爆发前,罗文达的主要论文多发表于燕京大学新闻系编撰的新闻学刊《报人世界》(1935~1937)。"在北平沦陷时期,新闻系师生到校外进行更多的实践已不可能,这在客观上就促进师生的课业及学术研究活动转移到专题研究和史料整理上来。当时报学方面的著述或译述专题大体有……罗文达:《中国宗教期刊史》英文。《中国版权法》英文。而罗文达所写的《中国宗教期刊史》(*The Religious Periodicals in China*)一书,当时在燕大出版,其中有一大部分已由李寿朋译成中文,后因 1941 年太平

---

① 译文中提到原文发表于 "People's Tribune",译文发表于《报人世界》第 7 期,由于未找到原文出处,因此发表的时间不详。——作者注

洋战争爆发，燕大被封，这项工作只好中断。"①

三　罗文达对中国新闻事业研究的贡献

　　罗文达的中国新闻传播事业研究主要在燕京大学工作期间进行，其中有些是与他的同事——来自美国的新闻学教授聂士芬（Vernon Nash）一起完成的。

　　罗文达的中国新闻传播业研究，涉及范围广泛，与其同事白瑞华（R. S. Britton）影响甚大的《中国报纸（1800—1912）》这样关于中国近代新闻事业发展概览式、描述性的研究，以及他的后辈同乡鲁道夫·瓦格纳（Rudolf Wagner）的《进入全球想象图景：上海的〈点石斋画报〉》那样将中国的新闻事业发展置于全球化背景下的深入研究相比，罗文达的中国新闻传播事业研究是专题性的实际调查，以对中国新闻业的经济和技术调查为主，以丰富而确凿的第一手数据分析见长。而这种研究方式也使其研究结论体现出一种以数据说话的客观性。

　　作为一名西方学者，罗文达研究中国新闻传播事业发展历史与现状的一个主要特点，就是讲求实证。他深入中国新闻传播的实际，深入档案和原始资料，以及中外文著述，并以西方的研究方法，与传媒机构合作，开展对中国新闻传播业发展、分布、特点、读者群等问题的系列调查研究，获取了丰富翔实的数据资料。而第一手的数据资料，既使他的研究真实可信，富有说服力，也为今天我们研究近代中国新闻传播业的发展历程留下了宝贵的资料参考。

　　罗文达在中国新闻学史上的贡献，或曰他学术研究的最大成就，是广泛深入地研究了中国宗教报刊传播与发展的《中国宗教报刊》，可以说，这是迄今为止西方学者研究中国宗教报刊最为全面和深入的一本学术著作；其次是他将传播观引入新闻研究，他的《1937年7月之前的中国公共传播》等中国新闻传播业的调查，拓展了中国新闻学的研究范围。罗文达将传播

---

　　① 　肖东发主编《新闻学在北大》，北京大学出版社，2006，第72~73页。

学的研究方法应用到中国新闻传播事业的研究中来，为中国的新闻学研究培养了人才。燕京大学新闻系学生古廷昌、梁允彝在他的指导下完成对中国宗教报刊的调查并完成毕业论文写作。[1] 燕京大学图书馆助理馆员陈鸿舜在他的指导下完成关于中国道教报刊研究的学位论文[2]，且为罗文达《关于中国报学之西文文献索引》一书做了大量文献检索工作。[3]

罗文达的一些研究成果在当时已经引起了重视并成为重要参考文献。林语堂出版于1936年的《中国新闻舆论史》就已经注意到了罗文达的研究结果。刘家林指出：该书在充分利用戈公振的《中国报学史》和罗文达、白瑞华等人研究成果的基础上，建立了最早的舆论史学研究专著的框架结构和理论体系。[4]

后来的许多学者在研究中国新闻历史的时候，也会提到罗文达的研究结论和数据，如方汉奇主编的《中国新闻事业史编年》（中册）就提及罗文达的《关于中国报学之西文文献索引》和《中国宗教报刊》。但遗憾的是，这本有丰富调查数据和翔实史料的专著，在当时并未引起足够重视，在文献搜索过程中，只发现极少数文献引用该书的数据，如何凯立的《基督教在华出版事业（1912—1949）》。

最后需要指出的是，由于研究罗文达的资料非常少，且年代较为久远，其研究中国新闻传播业的一些著述只能找到部分篇目，比如《新闻学在北大》一书中所提到的《北平报纸之研究》[5]；林语堂在《中国新闻舆论史》中所提到的"北平燕京大学新闻学教授鲁道夫·洛文塔尔……《中国新闻之现状》"[6]。此外还有出版于1938年的"Printing Paper：Its Supply and Demand in China" "The Present Status of the Film in China" 等。未能找到这些重要的文献，对于我们研究罗文达的新闻思想，是一大遗憾，但从本文所

---

① Rudolf Löwenthal, *The Religious Periodical Press in China* (Peking：The Synodal Commission in China，1940)，p. 133.

② Rudolf Löwenthal, *The Religious Periodical Press in China* (Peking：The Synodal Commission in China，1940)，p. 165.

③ Rudolf Löwenthal, "Western Literature on Chinese Journalism：A Bibliography, Acknowledgement," *Nankai Institute of Economics*，1937.

④ 参见林语堂《中国新闻舆论史》，王海、何洪亮主译，中国人民大学出版社，2008，第7页。

⑤ 肖东发主编《新闻学在北大》，北京大学出版社，2006，第60页。

⑥ 林语堂：《中国新闻舆论史》，王海、何洪亮主译，中国人民大学出版社，2008，第122页。

分析的罗文达的论著中，已足以了解罗文达对中国新闻学教育、对中国新闻传播业研究的贡献。

此外，本文所研究的罗文达的著述中，有一小部分只找到当时刊登的中文译文，未能找到其原文，如《澳大利亚洲的中文报纸》《中国版权法》等，因此无法确定其刊发的具体时间以及刊物，对其内容的研究也主要依赖中文译文。以上两点，希望不会影响本文写作的严谨性。

罗文达对中国宗教报刊的调查研究及其价值

——基于《中国宗教报刊》的内容分析

前文对罗文达在华的中国新闻事业发展研究活动以及新闻教育活动进行了概括性的介绍，本文对罗文达最具有影响性的成果——《中国宗教报刊》（*The Religious Periodical Press in China*），运用内容分析方法，从史料和调查研究方法两方面进行具体研究，从中找出罗文达调查研究的意义，以及他的史料对于今天中国新闻史研究的价值。

罗文达对中国新闻事业的研究以专题性的实际调查为主，其研究的具体内容涉及中国区域报业现状、中国公共传播业、中国新闻事业发展阻力以及中国宗教报刊等方面。从《中国宗教报刊》一书来看，罗文达对中国新闻史的研究有与国内学者不同的视角，他更着重于研究中国当时的新闻传播事业的状况，尤其是宗教报刊的状况及传播影响。在内容上，罗文达对中国的宗教报刊所做的专题性研究能够弥补国内学者对此领域研究的不足；在研究方法上，中国的新闻史研究者对宗教报刊的研究很少使用实证调查的方法，罗文达的研究能够为中国的新闻学研究学者拓宽研究思路。作为一位德国汉学家，罗文达对中国宗教报刊的研究能够和国内相关研究互为补充，有独特的学术价值。

由于罗文达的中国新闻史研究的大部分著作在国内难以觅得，国内的新闻史学者对其关注还远远不够。罗文达《中国宗教报刊》的第一部分"在华天主教报刊"，直到 2013 年 3 月份，才由广东外语外贸大学的王海进行翻译，并由暨南大学出版社出版。在这本译著的"译序"部分，穆雷指出，罗文达的这本书"如实地、详细地记录了特定时间段在华天主教报刊的方方面面，而正是从这些细节我们可以窥探当时在华天主教传教士如何借助报刊进行宗教传播，如何利用报刊去影响人心"。① 上文提到罗文达对于中国宗教报刊所做的专题性研究的成果《中国宗教报刊》，是迄今为止西方学者研究中国宗教报刊最为全面和深入的一本著作。② 虽然少有学者专门著文剖析罗文达的中国新闻史研究，但《中国宗教报刊》从出版至今一直都在为国内外的新闻史学者提供参考。

早在 20 世纪二三十年代，就已经有新闻史学者注意到罗文达的《中国宗教报刊》。林语堂的《中国新闻舆论史》一书于 1936 年出版，刘家林指出："林语堂所著的《中国新闻舆论史》是在充分利用戈公振《中国报学史》和罗文达、白瑞华等人研究成果的基础上，建立了最早的舆论史学研究专著的框架结构和理论体系。"③ 此后，方汉奇主编的《中国新闻事业史编年》（中册）也提及了罗文达的《中国宗教报刊》和《关于中国报学之西文文献索引》。

还有一些学者在对传教士报刊进行专题性研究时，参考了罗文达在《中国宗教报刊》中搜集的资料和统计的数据，如美国学者何凯立的《基督教在华出版事业（1912—1949）》（*Protestant Missionary Publications in Modern China*, 1912 – 1949）是针对民国时期新教报刊的发展情况做的专门研究，该书引用了《中国宗教报刊》中的三张图表，分别是新教中文期刊创刊统计表、新教期刊在 7 个沿海城市的分布情况、新教中文期刊发行数量统计表；赵晓兰与吴潮合著的《传教士中文报刊史》主要针对晚清到民国一百多年的时间里，中文传教士报刊的发展状况做专门的研究，这本书引用了罗文达在《中国宗教报刊》一书中对两份新教报刊《女星》和《平民月刊》的调查研究，这两份报刊都是针对当时社会底层人民的，《女星》更"侧重农村女性"④。

除此之外，王海在研究历史分期问题时屡次提到了罗文达的《中国宗教报刊》，在其发表的《外国传教士在华报刊活动的历史分期》和《在华葡文报刊活动的历史分期——兼及分期研究中的相关问题》两篇学术论文中

---

① 〔德〕罗文达：《在华天主教报刊》，王海译，暨南大学出版社，2013，"译序"第 2 页。
② 刘兰珍：《罗文达的近代中国新闻事业研究》，《新闻与传播评论》2012 年第 3 期。
③ 刘兰珍：《罗文达的近代中国新闻事业研究》，《新闻与传播评论》2012 年第 3 期。
④ 刘兰珍：《罗文达的近代中国新闻事业研究》，《新闻与传播评论》2012 年第 3 期。

都引用了《中国宗教报刊》中的相关数据。王海对于罗文达对基督新教报刊和基督天主教报刊的历史分期都十分推崇，"罗文达对在华基督教报刊活动的调查和分阶段的论述，成为在华基督新教报刊活动历史分期的基本依据"。[①]

张伊和周蜀蓉在对《华西教会新闻》进行研究时，发现国内少有学者关注到这份曾经刊登过大量华西教会重要文件和信息的报刊。最早对这份报刊本身进行的研究以英文发表在中文期刊《真理与生命》上，随后被收录到罗文达的《中国宗教报刊》一书中。张伊和周蜀蓉在《〈华西教会新闻〉研究综述》一文中引用了罗文达发表在《中国宗教报刊》中的相关数据和资料。[②]

罗文达在从事新闻事业研究的过程中，也注重引导学生进行实证调查。1940 出版的《中国宗教报刊》一书，分为三个部分，其中最核心的部分即对中国天主教的研究，是罗文达独自完成的。而后面的部分内容，则是他指导自己的学生完成的。在罗文达的学生古廷昌的回忆中，他的老师罗文达为他完成对新教报刊的研究提供了很大的帮助，在研究中他使用了问卷调查的研究方法，这部分内容对于罗文达对中国宗教报刊所进行的专题研究具有补充作用。同时，罗文达还和他的学生梁允彝共同完成了对中国佛教报刊的研究，对中国道教报刊的研究则是罗文达与图书馆助理馆员陈鸿舜合作完成的。在这本较为系统完整地研究了中国宗教报刊的学术著作中，罗文达使用了传播学调查的研究方法来研究中国的新闻事业，这种研究方法对当时中国的新闻学研究者来说还比较新颖，具有一定的先进性。他的学生在其引导下，也运用了传播学调查研究的方法对中国新闻事业展开研究，可以认为罗文达对于中国新闻学人才的培养发挥了作用。

1936 年，罗文达开始对中国的天主教报刊进行调查，其调查报告《在华天主教报刊》于 1936 年 3 月发表在《中华公教教育联合会丛刊》第 9 卷第 3 期上。之后他又与燕大同事及学生一起，对在华天主教、基督教新教报刊、在华佛教报刊、在华道教报刊、在华儒教报刊、在华伊斯兰教报刊、

---

① 王海：《外国传教士在华报刊活动的历史分期》，《河南大学学报》（社会科学版）2012 年第 1 期。

② 张伊、周蜀蓉：《〈华西教会新闻〉研究综述》，《宗教学研究》2009 年第 1 期。

在华犹太教报刊、在华俄罗斯东正教报刊及其他中国宗教报刊进行了调查，并将调查结果集结成《中国宗教报刊》一书，1940 年由中国宗教委员会出版。根据《新闻学在北大》一书的记载：罗文达所写的《中国宗教报刊》当时在燕京大学出版社出版，李寿朋将文中的大部分内容译为中文，但由于 1941 年 12 月太平洋战争爆发，燕京大学被封掉，这项翻译工作也被迫中断。①

罗文达在中国燕大所从事的这些研究大都具有实证的特点，以丰富翔实的第一手数据资料为基础，体现出以数据说话的客观性。他对中国宗教报刊全面而系统的研究是其学术研究的最大成就。关于罗文达的学术研究成果，美国著名汉学家柯马丁有这样的总结：罗文达的研究包括对中国宗教报刊的研究、对身处中国的犹太人的研究、对中亚各个领域的研究等，其发表的与中国宗教报刊和犹太人相关的学术著作，具有相当高的学术价值。②

一 《中国宗教报刊》分析

《中国宗教报刊》于 1940 年由中国宗教委员会出版，是罗文达最为重要的一本著作。该书是一本论文集，收录了罗文达对中国宗教报刊的全面调查的研究成果，其中部分文章为罗文达指导自己的学生完成。中文书名《中国宗教期刊》由罗文达在燕京大学的好友洪业题写，这本书主要针对中国宗教宣传的路径和定期报刊进行了全面的调查研究。

（一）《中国宗教报刊》产生的时代背景

《中国宗教报刊》收录了罗文达自 1935 年底所发表的研究中国宗教期刊的论文，阐述了在华出版的世界主要宗教、中国传统宗教和少数教派的报刊出版情况。

出于中国地域辽阔的原因，各地区报业发展程度参差不齐，罗文达耗

---

① 肖东发：《新闻学在北大》，北京大学出版社，2011，第 134 页。
② 〔美〕柯马丁：《德国汉学家在 1933—1945 年的迁移——重提一段被人遗忘的历史》，《世界汉学》2005 年第 1 期。

时四年完成整个项目，调研期间也遇到了许多困难。对于首要的资料欠缺问题，罗文达动用了自己在上海和天津调查区域报纸时积累的各方合作关系，燕京大学的图书馆资源也为其提供了一些便利。

正如当时中国宗教委员会的白德风在该书前言介绍，虽然初期的文章本意是写给梵蒂冈宗教报刊协会，出版该书的目的也主要是对中国的宗教报刊发展情况及中国宗教宣传渠道进行综述，但是其价值已经超越了宗教范畴，受众也不止于宗教信徒。实际上，这本书所体现的中国宗教报业发展情况，是近代中国新闻事业发展的部分缩影，而作者的调查思想和方法，无论是对同期学者的课题研究，还是对当代的宗教工作者和新闻从业者的调查工作，都具有启发价值。

《中国宗教报刊》诞生之时，中国正处于战乱之中，进行学术研究的环境非常艰难，而且新闻学在中国作为一门年轻的学科也处于起步阶段。新闻史作为新闻学的一个分支，其研究是从 1927 年戈公振《中国报学史》出版开始形成体系，受战争和社会各方面因素的影响，在《中国报学史》出版之后的几年时间里，中国新闻史的发展都未取得突破性的进展。罗文达在燕京大学历经四年时间完成了对中国宗教报刊的全面研究，在这四年里，他同时也在对中国新闻事业发展的各方面状况进行调查研究，《中国宗教报刊》是其在艰难的环境中，克服重重困难，携手学界各方力量完成的一部学术作品。

1. 研究者所处时代与中国新闻史研究发展状况

20 世纪二三十年代，新闻学作为一门学科初步建立，新闻史作为新闻学的一个重要分支，主要是针对中国的新闻事业史进行研究。这一时期，比较有影响力的是戈公振于 1927 年出版的《中国报学史》，该书在汇集大量一手资料的基础上，把中国新闻事业的发展划分为官报独占、外报创始、民报勃兴、民国成立后四个时期，并进行了详细的论述；蒋国珍的《中国新闻发达史》先于戈著两个月，由世界书局出版，这本著作是由南满洲铁道株式会社东亚经济调查局出版的单行本『支那に于ける新闻发达小史』翻译而来，介绍了最早出现的《邸报》、中国印刷方面的发展情况、中国近代各种类型的报纸等内容，同时对报刊广告方面的状况也有所介绍；1928年 2 月，张静庐的《中国的新闻记者与新闻纸》一书对报刊的起源、发展、革命运动，以及上海报馆组织的情况进行了研究和记述；1930 年 9 月，黄天鹏的《中国新闻事业》对中国近代新闻事业的研究涉及新闻纸的特质、定义、起源、变迁、勃兴、现状、将来等内容，并对当时几个核心大城市的报业发展情况进行了介绍。

1931 年赵敏恒等编著的《外人在华新闻事业》（The Foreign Press in China）对日本、英国、美国、法国、德国、俄国在华的新闻事业的发展进行了论述，旨在说明报刊文化和通讯社对于当时中国社会的重要性，以及中国独立发展报刊、通讯社和新闻业，同时抵制西方各国报刊和通讯社渗透中国的必要性和紧迫性。[①] 除此之外，也有不少外国学者开展了对中国新闻事业的研究，并发表了一系列颇具学术价值的著作。1933 年白瑞华出版了《中国报纸（1800—1912）》（The Chinese Periodical Press，1800 - 1912），这本书介绍了近代报刊诞生而本土期刊消亡时期的中国报刊概况，提出了本土报刊对于中国近代报刊的形成与外国报刊起到同样积极的作用这一观点。[②] 从罗文达的相关学术成果来看，他的研究也基本集中在对中国新闻事业史的研究上，罗文达于 1940 年出版的《中国宗教报刊》也有很高的学术价值，这本著作把中国宗教报刊作为一个专题，进行了系统、完整的研究。

2.《中国宗教报刊》的出版背景

1937 年"七七事变"爆发，中国华北被日军侵占，许多著名高校都迁往南方，燕京大学坚持留守北平，成为争取文化自由的"孤岛"。[③] 据《新闻学在北大》一书的记载，当时罗文达在燕大教授世界报学史的课程，由于北平沦陷，燕大新闻系师生的校外实践活动受到限制，对史料的整理和专题研究成为当时燕大师生的课业和学术活动重心所在。[④] 罗文达对中国宗教报刊的专题研究也是在这样的环境中艰难地开展着，他的这项研究不仅得到了中国天主教主教会议委员会出版社的支持，还得到了燕京大学新闻系的重视。

罗文达关于天主教报刊的研究成果——《在华天主教报刊》，首次发表

---

① 赵敏恒：《外人在华新闻事业》，王海等译，暨南大学出版社，2011，第 4 页。
② 〔美〕白瑞华：《中国近代报刊史》，苏世军译，中央编译出版社，2013，第 13 页。
③ 肖东发：《新闻学在北大》，北京大学出版社，2011，第 131 页。
④ 肖东发：《新闻学在北大》，北京大学出版社，2011，第 131 页。

于 1936 年 3 月，刊登于《中华公教教育联合会丛刊》（*Digest of the Synodal Commission*）第 9 卷第 3 期。当时即将举办梵蒂冈世界天主教报刊博览会，时任中华公教教育联合会秘书兼宠光新闻社（Agentia Lumen）社长的玛莉诺会会士迪茨（Frederick C. Dietz）先生，将自己为举办天主教报刊博览会而精心搜集的数据转交给了罗文达，罗文达在其的热心帮助下，展开了对宗教报刊的系列调查。[1]《中国宗教报刊》的前言也提到，该书的出版离不开宗教委员会的支持。在相关研究著作发表在《中华公教教育联合会丛刊》上之后，宗教委员会即表达了出一本书的意愿，他们不仅看到了这个作品将会有的宗教意义，还看到了它在新闻学和公共事务上的价值。[2] 虽然当时国家的情况在一定程度上阻碍了宗教报业的发展，但是，这更让宗教委员会觉得在更多的资料彻底消失以前，去完成这样一个研究，是有必要的。可以说这本书是在非常复杂的环境中努力做出的一个尽可能完好的成果。

（二）《中国宗教报刊》内容分析

这本专题著作包括三部分内容：关于在中国出版的世界主要宗教报刊的研究，包括第一章"在华天主教报刊"、第二章"满洲地区天主教报刊"，以及第三章"在华新教报刊"；关于中国三大传统宗教报刊的研究，包括第四章"中国的佛教报刊"、第五章"中国的儒教报刊"，以及第六章"中国的道教报刊"；关于少数教派宗教报刊的研究，包括第七章"伊斯兰教报刊"、第八章"犹太教报刊"，以及第九章"俄罗斯东正教报刊"。作者对各宗教报刊的研究主要是从其各自整体发展历史、创刊年代、分布地域、发行数量、刊期、语种等方面进行把握，脉络清晰且体系完整。

1. 在华天主教报刊调查

第一部分分为三个章节，详细分析了在中国出版的世界主要宗教报刊——天主教与新教报刊在全中国 19 个省 55 个城市的发展情况，从天主教和新教报刊在中国的始发起笔，按照时间线详细记录了至 1939 年两者的演变。

罗文达很清楚这项调研背后的宗教意义。基督教进入中国的第一阶段

---

① 〔德〕罗文达：《在华天主教报刊》，王海译，暨南大学出版社，2013，"前言"第 1 页。

② Rudolf Löwenthal, *The Religious Periodical Press in China*（Peking：The Synodal Commission in China，1940）.

是 19 世纪前期，一来欧洲的大炮刚刚轰开中国国门，清廷慑于西方的自然科技尤其是军事武器，二来国民长期接触的是官方发行《邸报》的传统传播模式，一时无法接受外报，也缺少对旨在宣传教义的宗教报刊的需求。故而罗文达对历史悠久，但长期不受重视的宗教报刊的系统性调查，弥补了中国新闻事业关于中国宗教报刊的研究空白。

第一章节统计中国天主教报刊的发展，主要分四个板块：1917 年的天主教报刊、1939 年的天主教报刊、天主教报刊的区域分布、天主教各教会报刊活动。

该章节的特点一方面在于数据的翔实，仅第一章就包含了 50 幅表格和 1 张报刊区域分布地图。罗文达通过实地调查和图书馆的资源，拿到丰富和具体的数据。例如，他在调查中国各省市的教徒和传教人员时已经将数字精确到了个位数。另一方面在于罗文达多维度、多指标的对比客观地展现了天主教报刊的发展轨迹。他所列出的表格，包含了报刊刊期、发行周期、区域分布、语言、发行量、订阅率等指标，他意图通过对比找出其中的发展轨迹或特点。例如，他先后列出了 1887～1918 年和 1872～1939 年的天主教期刊数量（按照发行周期）（见表 1、表 2），可以明显看出随着时间推移，天主教报刊除了在数量上有所增长外，发行周期也更加灵活多样。

表 1　1887～1918 年天主教期刊的发行数量和发行周期

单位：种

发行周期	1887	1903	1904	1908	1909	1911	1912	1913	1914	1915	1916	1918	总计
日刊										1			1
周刊			1	1							2		4
半月刊								1					1
月刊	1	2				2	1	1	4		1	1	13
半年刊					1								1
年刊		1									1		2
总计	1	3	1	1	1	2	1	2	4	1	4	1	22

数据来源：Rudolf Löwenthal, *The Religious Periodical Press in China* (Peking: The Synodal Commission in China 1940), p. 6.

表 2　1872～1939 年天主教期刊的发行周期和数量

单位：种

年份	日刊	周刊	旬刊	半月刊	月刊	每年十刊	每年八刊	双日刊	季刊	每年三刊	半年刊	年刊	不规则发刊	不详	总计
1872												1			1
1876												1			1
1887					1										1
1902										1					1
1903					1			1				1			3
1904		2													2
1905				1											1
1906	1														1
1907													1		1
1908				1											1
1909					1			1							2
1911		1													1
1912					1										1
1913				1	1										2
1914					1						1				2
1915				1											1
1916	1														1
1917	1				2							1			4
1919													1		1
1920					2										2

续表

年份	日刊	周刊	旬刊	半月刊	月刊	每年十刊	每年八刊	双月刊	季刊	每年三刊	半年刊	年刊	不规则发刊	不详	总计
1922		1			3						1	1			6
1923					1										1
1924				1				1	3			2			7
1925								1	2						2
1926						1									1
1927					1		1	1					1		4
1928				2	3	1		1				1			8
1929			1		4	1		1	1		1				8
1930					3	1			1		1				5
1931					4	1			1		1	1			7
1932					4	2			2		1				6
1933		2	1		4	1						1			9
1934			1	1	4	1			3		4	1	1	2	15
1935		6	1	1	6	1			2		2	1	1		19
1936		2			1				2				1	1	8
1937					3				2				1	1	7
1938					1				1			1		1	3
1939													1		1
不详	3				3				1	1		1	1		5
总计	3	15	3	8	53	8	1	6	18	1	12	12	7	5	152

数据来源：Rudolf Löwenthal, *The Religious Periodical Press in China* (Peking: The Synodal Commission in China, 1940), p. 9.

　　除此之外，罗文达将天主教报刊的发行情况和传教工作与当时的文化活跃度联系起来，并总结了当时天主教报刊发行的某些特征，如报刊的"地域局限"——大部分的宗教报刊只能小范围地发行，全国性的宗教报刊很少。值得一提的是，罗文达有意识地将宗教报刊的发展与当时的时代背景相结合，总结了天主教报刊五个明显的发展期，并分析了各类天主教报刊和新教报刊发展或者停刊的原因：一方面，西方文明的科技和物质进步一定程度上促进了天主教报刊和新教报刊的发展，包括内容制造和印刷发行；另一方面，战火和局势的动荡造成了部分报刊停刊甚至消亡。罗文达同时也举出了特例，他发现在 1931 年"九一八"事件爆发时，《大公报》的发行量由 1927 年的 7000 份增加至 50000 份，达到高峰，表明了宗教报刊逐渐参与到国家政治和公共事务的讨论里。至于《大公报》发行量激增为何表明宗教报刊参与国家事务讨论，二者是如何发生联系的，罗文达在书中语焉不详。

　　第二章与第三章也以相似的手法讨论了天主教报刊在满洲（东北旧称）地区及新教报刊在中国的发展，同样包含了大量的表格和地图。值得注意的是，第三章"中国的新教报刊"是由罗文达在燕京大学的学生古廷昌主笔。章节前言介绍，这项调查工作是由罗文达发起并指导的，他在古廷昌撰写期间鼓励其不断进行修订。自 1935 年 12 月以来，研究者向新教教会发放调查问卷并获得了更详尽的资料，修订版也在包含了 160 份报刊数据的原版基础上继续扩充内容。至此可以发现罗文达已经初步将传播学的实证研究方法融入他在华的教学和调研之中。

　　罗文达对天主教报刊的发展历史和传播概况的研究，建立在丰富的中文资料及详细的调查统计数据的基础之上。他对中国天主教报刊的调查结果，于 1936 年 3 月发表在《中华公教教育联合会丛刊》第 9 卷第 3 期上，而 1940 年出版的这本《中国宗教报刊》对中国天主教报刊的研究是在前期调查基础上更进一步的研究。本书前言提到："关于中国的天主教报刊这一部分的研究用了四年的时间才写成，以至于实际上几乎是重写的。"[①]

---

① Rudolf Löwenthal, *The Religious Periodical Press in China*（Peking: The Synodal Commission in China, 1940）.

　　罗文达对中国天主教报刊进行研究，首先关注的是天主教报刊在中国发展的开端。他通过搜集历史资料，追溯基督教与中国的关系，指出二者的关系可以追溯到公元 3 世纪甚至更早。第一本被译为中文的与基督教有关的书出现在公元 7 世纪。随后，修道士于公元 13 世纪开始在中国进行宗教和政治传道。接着，他通过一张调查表直观地展现了 1600 年以来中国天主教徒数量的增长情况，这些统计数据真实地说明了天主教从初期传入中国后就得到了一定的发展。

　　同时，他还进行了分时期、分阶段的统计调查，这部分主要是以 1917 年和 1939 年作为两个时期的分水岭，从出版年代、发行周期、语言和出版地等方面，比较分析了 1872～1939 年天主教的发展情况。

　　以 1917 年为分水岭：罗文达根据天主教报刊发行年代和发行周期（1918 年以前）所制作的图表，反映了天主教报刊的发展始于 1887 年，到 1918 年共计 22 种报刊，其中的 10 种报刊创办于 1913 年之后的四年内。同时，这 22 种报刊以月刊为主，周刊次之（见表 1）。这里，罗文达还根据他关于天主教报刊所使用的语言和出版地等情况的调查统计数据，发现了 1917 年以前天主教报刊以中文为主，法文次之，出版地集中在十个城市，以上海、北平和天津为出版中心。

　　以 1939 年为分水岭：依据罗文达对 1917～1939 年中国天主教报刊出版数量和分布省份所做的调查统计，可以直观地看到在这段时间内，中国的天主教报刊从 1917 年的 22 种发展到了 152 种，增长率接近 600%，出版天主教报刊的城镇也从 1917 年的 10 个发展到了 61 个。因此，罗文达认为，在这段时间里，中国天主教报刊的活跃程度高、宣传密度大。

　　同时，罗文达对这一时期天主教报刊的发行周期、特征、语言等情况也做了相关的调查统计。基于这些调查统计的资料，他认为，这一时期的天主教出版物中，以月刊为主，季刊和周刊次之；这些天主教报刊大部分具有单纯的宗教特征，也有一部分报刊致力于非宗教性话题的传播；在语言方面，以白话文为主，有时文章语言也趋近于文言文，同时也有大量的外国语报刊，以及少量双语或多语报刊。这一时期，天主教报刊得益于天主教堂较高水准的印刷工艺，通常印刷精美，不少报刊甚至配有插图，这对于天主教报刊吸引更多的受众也起到了一定的作用。这时候，出版物的发展还未完全成熟，其规格并不统一，价格也大相径庭。这里，罗文达还特别提到了有部分免费发行的报刊，它们大多数使用外语，主要在国外发行，这部分报刊旨在为传教事业向资助人募捐或同其本国的传教组织保持联系。

除此之外，罗文达还对天主教传道会的报刊活动做了调查统计。这部分的调查显示，中国的天主教徒超过了 300 万人，供职于天主教的传教士中，中国人几乎占到了 56%。同时，对于中华公教教育联合会、公教进行会、耶稣会等天主教传教机构，罗文达都做了较为详细的介绍。

在本章的最后一节，罗文达提到了天主教报刊的审查问题。他指出，中国的天主教报刊不仅要接受中国政府的新闻审查，还必须通过教会领袖的检查。关于当时天主教报刊审查的重要性，他展示了《牧放主羊》通谕中的一段引文："天主教的报刊都应该最大限度地接受审查。新闻审查员需要阅读每期的报纸，然后再交付印刷，如果印刷前有任何违禁的报道，他有责任令其纠正报道。如果新闻审查员没有发现稿件中的违禁报道，大主教将在最后的审查中予以纠正。"①

在本章的结语中，罗文达指出，尽管天主教在文化、教育、科技等领域传播的成功经验日益增多，但其还是以传教为主。另外，要充分发挥天主教的优势，还需要出版社之间的密切合作，以提高效率。罗文达借用一位神甫的观点提出，为了方便当地尚未出版宗教月刊的教区出版月刊，可以让各教区在一份主要内容相同的报纸上增加几页地方新闻和公告，作为当地宗教报刊。

罗文达对在华天主教报刊的研究是建立在对大量资料的搜集和数据统计的基础之上的，这部分研究严谨且完整，具有很高的参考价值，至今依然为研究天主教报刊的学者提供着有益的借鉴。

王海在《外国传教士在华报刊活动的历史分期》一文中，把罗文达对在华基督教报刊阶段性的统计分析，作为这一时期基督新教报刊的历史分期依据，"罗文达同样对在华天主教报刊进行了分阶段论述，同时分析了各

---

① Rudolf Löwenthal, *The Religious Periodical Press in China* (Peking: The Synodal Commission in China, 1940), p. 56.

个时期在华天主教报刊的地理分布、语言、发行量"。① 周萍萍在《1879～1949 年间的天主教中文报刊》一文中，借鉴了罗文达提供的数据，"这一阶段教会所办刊物的数目虽然没有明确的数字，但是比初创阶段增加了许多……当时我国天主教在全国（包括港澳地区）发行的中西文报刊共有 115 种，其中以外文为主的报刊 56 种，中文报刊 59 种"。② 此外，王润泽在《回归本位：民国宗教报纸发展概述》一文中，对民国宗教报刊回归宗教本位、以宣传本教教义为主的情况进行了概述，在对天主教报刊发展情况进行展示时，在使用的图表中引用了罗文达统计的数据（见表 3）。

表3   民国时期宗教报刊的发展统计

单位：种

年份	天主教	基督教（新教）	佛教	道教	儒家	伊斯兰教
1911 年前	16	16	0	0	0	1（1）
1912～1927 年	35	79	57（44）	18（16）	16	24（19）
1928～1933 年	43	65	40（24）	8（4）	2	31（23）
1934～1939 年	53＋5	34＋64	35＋23（23）	9＋6（3）	3	31＋13（16）
合计	152	258	155（91）	41（23）	21	100（59）

数据来源：王润泽《回归本位：民国宗教报纸发展概述》，载新闻学论集编辑部主编《新闻学论集25》，经济日报出版社，2010，第256页。

2. 在华新教报刊调查

《中国的新教报刊》一文由罗文达指导其学生古廷昌完成，主要作为对其他宗教类报刊研究专题的一个补充。古廷昌提到，这一部分的研究是于 1935 年 12 月在北京近郊机构中使用问卷调查的方法进行的。

可以看到，这部分的研究与罗文达对中国天主教报刊的研究有许多相似之处，特别是在文章的结构和研究方法方面。作者首先是对中国新教的发展做了介绍，其次进一步介绍了中国新教报刊的发展，最后使用分时期、分阶段的调查统计图表对新教报刊在各个时期的发行量、出版地、语言、

---

① 王海：《外国传教士在华报刊活动的历史分期》，《河南大学学报》（社会科学版）2012 年第 1 期。

② 周萍萍：《1879～1949 年间的天主教中文报刊》，《开放时代》2010 年第 12 期。

发行周期、版面、订阅费等信息做了详细的介绍，以展示中国新教报刊在不同时期的发展状况。

在结语中，作者提到中国新教报刊的主要功能是传播科学文化。新教报刊的出版和发行量在宗教报刊中是最大的，而且，新教报刊所涉及的知识领域也比较广，有宗教、医学、哲学、经济学等。

但是，大部分的新教报刊都只有一定的局部影响力，只有少部分可以散布到全国。作者认为，如果将这些小报刊整合在一起，会有助于节省成本，提高效率。但是，报刊的整合面临一些困难：一是在华新教教会的分散；二是人员的不足。

在这里，作者提到了新教报刊在报刊整合方面的一个成功典范——《田家月刊》。这份报刊作为当时中国发行量最大的地方性宗教报刊，每期可售出一万多份。它刊登了大量具有实用价值和教育意义的文章。作者认为，这份报纸的成功模式也值得其他许多报刊借鉴。

除此以外，作者认为，一个与天主教新闻社类似的新教新闻社的发展也具有重要的参考意义。通过这种发展方式，可以在减少重复性工作的同时，传播更多与新教活动有关的有价值的信息。因此，不同教派之间以及不同教派传播机构间的合作是必要的。

罗文达对新教报刊这部分内容的研究具有极重要的参考价值，得到了不少当代学者的肯定。首先，在研究的内容方面，罗文达对新教报刊的研究几乎涉及了当时所有国内外的新教报刊，不管是影响力较大的报刊——《田家月刊》，还是被很多学者所忽视的报刊——《华西教会新闻》，罗文达都对它们进行了调查研究。张伊和周蜀蓉在《〈华西教会新闻〉研究综述》一文中提到，《华西教会新闻》创刊于1899年，是华西各个教会联合出版的一份英文报刊，它在存在的45年里，刊登了大量华西教会重要的文件和信息，遗憾的是目前在国内外的研究领域里都很难找到对《华西教会新闻》这份报刊的研究。古廷昌所著的《在华新教期刊》是最早开始对《华西教会报刊》这份报刊本身进行研究的。古廷昌对新教报刊最初的研究始于1936年，根据他的调查，1867~1900年创刊的英文报刊，到了1936年就只剩下3种了，其中的2种出版于中国，分别是1867年创办于上海的《华西教会新闻》和1899年创办于成都的《华西教会新闻》，第3种期刊 China

Millions 主要在英国出版发行，它创办于 1875 年。古廷昌在书中对华西教会还有这样的介绍："华西教会创建于 1899 年，在华西教会第一次大会上，参会的代表对于发行《华西教会新闻》全票通过，为了促进基督教徒的凝聚力，这份刊物除了被发放给在华传教士，也在西南地区的部分省内流通。"①

其次，在历史分期方面，王海在《外国传教士在华报刊活动的历史分期》一文中指出，厘清在华传教士报刊活动的历史分期，对于我们正确认识在华传教士的传教活动和与之相关的这一段历史十分必要。他在文中对在华天主教报刊和在华新教报刊的历史分期都是以罗文达的研究作为依据的。②

最后，在研究的视角方面，古廷昌在罗文达的指导下，试图从新闻社会学的角度对中国宗教报刊进行分析，以弥补当时国内相关研究在这一方面存在的缺陷。赵晓兰和吴潮在《传教士中文报刊史》一书中，对罗文达的这部分研究做出了肯定："这是一篇既有新闻学意义又很有史料价值的研究论文。"③

3. 中国三大传统宗教报刊调查

在《中国宗教报刊》的第二部分，罗文达与该论题的发起人梁允彝，以及燕京大学图书馆馆员陈鸿舜一同详细论述了佛教、道教和儒教三大传统宗教的报刊出版情况，虽然采用了与上一部分相同的结构制作信息图表，但这一部分的文字明显占更大比重，罗文达将更多的笔墨放在了对宗教起源、演变和众多宗教团体以及各类宗教报刊的主要内容的介绍上。

罗文达认为，这些在中国存在了一两千年的传统主流宗教，在 20 世纪早期发现了一个更加有效的传播渠道——发行宗教报刊，该渠道主要依赖于现代印刷技术在中国大城市中的应用。罗文达在文中提到，许多地方宗教报刊的印刷厂都位于上海、天津、汉口；另外，中国传统宗教的报刊在版式和内容方面都在效仿西方宗教报刊，即除了宣扬宗教道义之外，报刊上还刊登了大量诗歌文艺、科普文章以及社会新闻。如在"中国道教的报

---

① 张伊、周蜀蓉：《〈华西教会新闻〉研究综述》，《宗教学研究》2009 年第 1 期。
② 王海：《外国传教士在华报刊活动的历史分期》，《河南大学学报》（社会科学版）2012 年第 1 期。
③ 赵晓兰、吴潮：《传教士中文报刊史》，复旦大学出版社有限公司，2011，第 11～12 页。

刊"这一章提及的所有报刊中，每一本报刊都有的固定栏目包括道教教条或经文、社论、诗歌。[①]

表4　1939年佛教报刊的发行数量和发行周期

发行周期	<500 种	500 ~ 900 种	1000 ~ 1500 种	2000 ~ 3000 种	≥5000 种	不详	总计（种）
日刊	1	1					2
每三天发行一次		1				1	2
周刊				2		2	4
旬刊			1			1	2
半月刊		1	1	2		2	6
月刊	1	4	12	1	2	10	30
每年十刊		1					1
季刊			1			1	2
半年刊			1				1
年刊			2				2
不规则发刊		3				5	8
不详						4	4
总计	2	11	18	5	2	26	64

数据来源：Rudolf Löwenthal, *The Religious Periodical Press in China* (Peking: The Synodal Commissoin in China, 1940), p. 140.

　　无论是与上一部分在华天主教报刊的发展情况对比，还是观察作者们在每章节最后的结语，一个明显的结论就是中国传统宗教报刊发展处于弱势。根据表4、表5，同一时期（1939年）佛教报刊的发行量远远少于身为外报的天主教报刊。

　　罗文达等人认为，即使佛教、道教、儒教在中国都是具有重要地位的宗教，但是这些传统宗教的报刊发展情况确实不容乐观。90%的中国国民是认同佛教教义的，但每年佛教报刊的全国总发行量也只有2500000份。原因无外乎两个方面：一是中国的文盲率太高，中国人也并未习惯通过阅读报纸

---

① Rudolf Löwenthal, *The Religious Periodical Press in China* (Peking: The Synodal Commission in China, 1940), pp. 171 – 180.

表5 1939年天主教报刊发行数量和发行周期

发行周期	中文		外文		bilinaual and dolvolot		总计		合计
	religlous & misslon news	noo-reiglous	religlous & misslon news	noo-reiglous	religlous & misslon news	noo-reiglous	religlous & misslon news	noo-reiglous	
日刊	2：120	2：31500	5：6500	1：110	1：325	1：2000	8：7950	3：31610	3：31610
周刊		5：19350		1：850				7：22200	15：30150
旬刊	1：2450	2：3640	2：1520	1：200			1：2450	2：3640	3：6090
半月刊	5：9400						7：10920	1：200	8：11120
月刊	19：36350*	7：1725*	20：16：235*	3：14400	3：2650*	2：200	42：55235*	11：16325*	53：71560*
每年八刊	4：2400	2：4100				2：1350	4：2400	4：5450	8：7850
每年十刊		1：400						1：400	1：400
双月刊			5：8900		1：900		6：9800		6：9800
季刊	5：3060*	5：2220	7：2900*				12：5960*	6：2220*	18：8180*
每年三刊			1：—			1：—	1：—		1：—
半年刊	1：1400	4：3100	1：1000	2：500	1：500	4：2150	2：1700	10：5950	12：7650
年刊	3：1100*	1：400	1：—	2：475	2：1655	3：1850*	6：3755*	6：2725	12：6480*
不规则发刊	1：250	2：—	2：—	2：630	1：5000	1：100	2：250*	5：730*	7：980*
不详		2：200*	2：—				3：5260*	2：200*	4：5460
总计	41	33	44	12	9	13	94	58	152
合计	74		56		22		152		152

注：* The figures on the left side of each column indicate the number of periodicals, while those on the right aide represent their aggregate eirculation.

* Data concerning eirculation incomplete.

数据来源：Rudolf Löwenthal, *The Religious Periodical Press in China* (Peking: The Synodal Commission in China, 1940), p. 11.

来学习宗教教义；二是部分宗教实践和报刊的内容都过于抽象，甚至偏离了日常的生活。换句话说，中国传统宗教的报刊还囿于宗教层面而没有将报纸作为一种新闻宣传工具。因此，研究者们几乎可以判定这些宗教报刊在未来也不会大规模地发展。

首先，这三个中国的主要宗教报刊中，佛教的发展相对比较好。罗文达提到，佛教报刊最初的发展并不引人注目，而后它逐渐成长为佛教活动中一个越来越重要的部分。与早期的发展相比，佛教报刊不仅在数量和发行量上发展迅猛，其质量也有了实质性的提升。至于早期的佛教报刊到底是什么样的状况，作者并未给出令人信服的数据。

根据中国佛教信徒的数量以及佛教报刊的年均发行量，罗文达推断，实际上，每份报刊平均只有五到十个人阅读。另外，大部分的读者会同时订阅一份或几份报刊，因而这里实际的数字比我们估计的还要低。

同时，中国过高的文盲率制约着佛教报刊未来的发展。只有一小部分人能够欣赏文风精美的佛教报刊。因而，罗文达认为，在大众达到一个比较高的文化层次以前，将佛教报刊的风格和内容都做一些大众化、世俗化的调整是有必要的。

其次，是对于道教报刊的研究。罗文达对道教的发展历史有较为详细的介绍，他提到，道教的教义汲取了各种宗教、哲学、中国民众的价值观等内容，渗透到了中华民族的思想文化中。但是，道教的传教活动互相之间缺少合作以及明确的传教目标，因而，这些道教传教组织的传教活动大多影响力薄弱且存在一定的地区局限性。一些小教派及其附属教派较少受到以上问题的束缚，但是它们已经摒弃了传统的道教教义，以宣传和谐精神为主。

道教报刊发展也存在类似的问题。只有北平的两个报刊《世界十字会》和《道德月刊》具有比较高的知识水平，发展得相对较好。相比之下，其他许多道教报刊则难以达到这样的质量水准。罗文达提到，有些人为了私利，利用道教报刊传播迷信思想，尤其是一些致力于推崇宗教融合的报刊，热衷于谈论炼金术、冥想和神秘主义等话题。然而，他认为，这些不应该成为人们谴责道教教义的理由。

罗文达认为，这些小教派以及类似的社会组织对于和谐精神的传播，能够站在一个精神高度上为来自不同教义、种族和民族的人提供帮助。而道教报刊只能够在社会上的知识分子阶层中产生影响。

最后，罗文达通过对中国儒教报刊的研究认为，这一报刊对于社会大众整体的影响力相当微弱。儒教报刊存在的问题首先是其本身的内容过于晦涩且远离民众的日常生活。其次，大部分民众还达不到阅读这些报刊所需要的知识水准。这个问题源于儒教教义和儒教报刊本身的特点，因此很难改变。

中国的三大传统宗教报刊相对在华天主教报刊和在华基督教报刊影响力较小，因而许多学者在对中国宗教报刊进行研究时都忽视了对这一部分内容的考量，以至于目前这部分内容可资参考的资料稀少。罗文达对这部分内容的研究，有助于弥补国内学者在这方面研究的不足。

4. 对中国少数教派报刊的意义的解析

第三部分，罗文达总结了在中国的少数教派如伊斯兰教、犹太教和俄罗斯东正教的报刊出版情况，论述的结构和框架和前两部分相同，在此不再赘述。

比较有趣的是，在研究少数教派报刊时，罗文达更着重论述了宗教报刊与国家之间的关系。例如，他专门提到了1938年抗日战争时期日本公开宣布成为伊斯兰教的保护者，并描述了中国留日学生中的回教学生在日创办的报刊，"it is not for sale but is intended for distribution among the Moslems of China"。① 从中可见，罗文达试图探讨宗教报刊的存在对于国家的意义。而在"中国的东正教报刊"一章中，他给出了更直接的答案：教堂资助创办的东正教宗教报刊正通过唤醒精神价值来努力完成作为沟通桥梁的任务。

罗文达通过研究完整地还原了宗教报刊的发展情况，同时也阐述了对宗教主体、读者和国家而言宗教报刊存在的意义。他发现，宗教报刊在宣传教会教义、普及知识以及开发中国民众思想眼界等方面都起到了积极作用，同时也承认宗教报刊的中国化存在许多问题，包括客观上中国文盲率高、交通通信业发展滞后，和主观上在华报刊的经营策略欠佳的问题。

---

① Rudolf Löwenthal, *The Religious Periodical Press in China* (Peking: The Synodal Commission in China, 1940), p. 239.

二 《中国宗教报刊》的研究特点

《中国宗教报刊》的研究特点主要体现在两个方面。首先是内容上的完整性。其研究内容几乎包含了中国当时所有宗教报刊的各个方面，国内学者关注较多的传教士报刊，以及国内学者关注较少的中国三大传统宗教报刊和少数教派报刊，都在其研究范围内。此外，罗文达对中国宗教报刊的研究不仅从新闻学的层面上进行了考察，还包含了对发行、广告、传播效果等其他具体学科和要素的考量。其次是研究方法的先进性。罗文达在对中国新闻事业的研究中以调查研究为主、实地观察研究为辅，他的调查研究并不是对数据资料的简单搜集和整合，而是立足于当时的社会背景，在尽可能理解中国报业发展状况的基础上进行数据和资料的调查分析。

（一）研究内容的完整性

我国新闻史的研究以通史为主，专题性研究和个案研究都相对较少，关于中国宗教报刊的学术研究多分散于新闻史著作的有关章节之中。罗文达的《中国宗教报刊》则以中国宗教报刊为专门研究对象，为读者提供了对于中国宗教报刊全景式的阐述。

1. 对中国宗教报刊的系统研究

目前，国内新闻史学者对中国宗教报刊进行研究时，重视天主教报刊和新教报刊，忽视中国三大传统宗教报刊和少数教派报刊，同时，他们对民国以前的中国宗教报刊关注较多，却忽视对民国时期中国宗教报刊的研究。国内学者对中国宗教报刊的研究是零散、碎片化的，罗文达的《中国宗教报刊》是将中国宗教报刊作为一个专题进行全方位的研究，这部著作能够在一定程度上填补中国新闻史研究的空白。

中国出现最早的一批近代报刊是外国人创办的，包括《察世俗每月统记传》《东西洋考每月统记传》《遐迩贯珍》等，这些外国人用来传教的报刊也是中国最早的宗教报刊。民国时期，佛教、道教、儒教、伊斯兰教等也都创办了自己的报刊，进行传教。在 1815～1948 年，仅基督新教报刊就有 878 种①，再加上天主教报刊，宗教报刊的总数超过千种。这些报刊分属不同的传教组织，分散于不同区域，对中国近代文化、社会、经济、政治等各个方面都产生了深刻的影响，赵晓兰和吴潮在研究中文传教士报刊时就曾指出："这些报刊，传递了政治、经济、社会、文化等多方面的信息，在当时，为拓展人们的视野起了重要作用；在事后，为研究历史提供了宝贵的资料。"②

对宗教报刊真正的学术性研究发端于 20 世纪 20 年代，1927 年，戈公振的《中国报学史》出版，这部著作的部分章节如"外报创始时期""外报之种类""外报对于中国文化之影响"，对外报在中国的发展情况进行了介绍，可以说是最早涉及中国宗教报刊研究的著作。戈公振在书中所提到的"外报"是指外国人在华所办的包括宗教报刊、商业报刊等在内的各类报刊。在此之后，许多新闻史著作延续了戈氏的做法，把外国人在华办的宗教报刊和商业报刊统称为"外报"进行论述，比如彭红燕的《中国新闻事业史》、吴廷俊的《中国新闻史新修》等。1927 年蒋国珍所著的《中国新闻发达史》，专设了"教会报纸"一节，对传教士所办的英文报刊和中文报刊都进行了回顾、梳理和总结。

此后，不少新闻史、出版史以及宗教史著作都对中国宗教报刊进行了介绍与研究，其中比较重要的研究成果包括：1933 年出版的美国学者白瑞华所著的英文著作《中国近代报刊史（1800—1912）》（*The Chinese Periodical Press*，1800 – 1912），该书的第二章"西方报刊的引入"、第五章"条约口岸的外国期刊"对大部分宗教报刊都有评介；1936 年林语堂在其用英文写作的《中国新闻舆论史》一书中，使用了"传教士报刊"这个概念，对大量宗教报刊进行了研究和介绍，刘家林指出林语堂的《中国新闻舆论史》参考了罗文达对宗教报刊的研究，"林语堂所著的《中国新闻舆论史》是在充分利用戈公振《中国报学史》和罗文达、白瑞华等人研究成果的基础上，建立了最早的舆论史学研究专著的框架结构和理论体系"③。

由于在所有的宗教报刊中，传教士报刊（尤其是影响力较大的天主教

① 汤因：《中文基督教期刊》（1949 年），上海市档案馆，档案号：U133 – 0 – 33，第 22 页。
② 赵晓兰、吴潮：《传教士中文报刊史》，复旦大学出版社有限公司，2011，"序言"第 2 页。
③ 林语堂：《中国新闻舆论史》，王海、何洪亮主译，中国人民大学出版社，2008，第 7 页。

报刊和新教报刊）作为研究中国近代新闻事业发展的历史起点，是任何从事中国近代新闻史研究的学者都难以忽视的一方面，上述不少新闻史学者都涉及了对传教士报刊中天主教报刊和新教报刊的研究。相对而言，从新闻传播的角度对中国传统宗教报刊如佛教报刊、道教报刊、儒教报刊，以及少数教派报刊如伊斯兰教报刊等进行研究的学者相对较少。此外，根据传教士报刊的发展脉络来看，19 世纪是传教士报刊从初创到鼎盛的时期，这一时期的传教士报刊对中国社会也最具影响力，20 世纪以后，尤其是进入民国之后，中国人已经从外国人那里学到了办报的技术，创办了大量的各式报刊，为民众提供了更多的选择，宗教报刊则大部分回归宗教本位，以传教为主，其受众面更小，社会影响也相对式微。因此，更多的新闻史学者热衷于对民国以前传教士报刊的研究，而民国时期的传教士报刊处在长期被忽视的地位，鲜有著述提及。

罗文达的《中国宗教报刊》重点考察了民国时期中国宗教报刊的发展情况。民国时期，中国各宗教都有不同程度的发展，罗文达不仅关注到了影响力较大的天主教报刊和新教报刊的发展，对于中国三大传统宗教报刊——佛教报刊、道教报刊和儒教报刊，以及少数教派报刊如伊斯兰教、犹太教和俄罗斯东正教的报刊也进行了系统的研究。通读全文，可以发现在《中国宗教报刊》一书中，罗文达把对基督教的介绍分为三个部分——一是对天主教报刊的研究，二是对满洲地区天主教报刊的研究，三是对新教报刊的研究，充分体现了其研究的严谨性和完整性。

2. 对中国新闻传播事业的全面研究

《中国宗教报刊》在研究内容上，不仅涵盖了新闻学方面的内容，还涉及了传播学的一些要素。关于传统中国新闻学，李良荣在《新闻学概论》一书中，将其分为新闻理论、新闻业务和新闻史三部分。美国的新闻传播业研究者 H. 拉斯韦尔则提出了包括传播者、传播内容、传播渠道、传播对象和传播效果的新闻传播学"5W"模式。从罗文达对中国宗教报刊的研究来看，他的研究内容既包括新闻传播理论、新闻业务和新闻史这三个基础层面，也包含发行、广告、传播效果等传播学科的要素。罗文达在对中国宗教报刊的研究中，如实地、详细地记录了特定时间段中国宗教报刊的地理位置、发行范围、印刷版面、印刷和订阅费等各个方面，从他所记录的信息中，我们可以窥视当时的中国宗教如何借助报刊进行宗教传播，如何利用报刊影响人心。此外，罗文达还从报刊所使用的语言、报刊受众的受教育程度等层面来分析报刊的传播效果。例如，上文提到的罗文达在对佛教报刊进行分析时就指出："由于中国民众的受教育水平普遍偏低，只有少部分人可以欣赏较为精美高雅的佛教报刊，因此佛教报刊的发展受到限制，如果想达到更好的传播效果，应该把佛教报刊的风格和内容做一些世俗化的调整。"①

罗文达除对当时中国新闻事业的发展状况进行了一系列研究外，还对中国区域报业发展情况、中国新闻事业发展阻力、中国公共传播业有一定的研究，这些研究让他能够更加深刻地理解中国的社会背景，特别是中国新闻报业的发展环境，使他能够更全面地把握对中国宗教报刊的研究。罗文达在《中国宗教报刊》中提到的中国审查制度存在的一些问题，实际上在他对中国报业发展阻力进行研究时就已经有所涉及。

（二）研究方法的先进性

在进行学术研究时，问题的选择，程序的确定，资料的收集、处理，结论的得出等都是在研究方法的架构下实现的。研究方法体系一般可以划分为方法论、研究方式、具体方法及技术三个层次。② 根据研究的逻辑和哲学基础，可以把方法论划分为人文主义方法范式和实证主义方法范式，人文主义方法范式主要是依据研究者的主观判断所进行的定性的研究；实证主义方法范式则更多的是通过调查得出，多为定量的研究。③

在罗文达所处的20世纪二三十年代，国内学者在对中国新闻事业展开研究时比较推崇对史料的搜集和梳理，再加以逻辑上的推理论证。④ 其中，最具影响力的是戈公振的《中国报学史》，其在对报刊进行分类研究之外，

---

① Rudolf Löwenthal, *The Religious Periodical Press in China* (Peking: The Synodal Commission in China, 1940), p. 162.
② 谢鼎新：《中国当代新闻学研究的演变——学术环境与思路的考察》，中国传媒大学出版社，2007，第184页。
③ 谢鼎新：《中国当代新闻学研究的演变——学术环境与思路的考察》，中国传媒大学出版社，2007，第184页。
④ 王润泽：《专业化：新闻史研究的方法和路径的思考》，《国际新闻界》2008年第4期。

还把报纸作为一个产业进行考察，其研究涉及广告、印刷、技术和发行等问题。然而，这个时期更多的学术著作仅停留在史料整理的工作上，显现出较为单一的研究方法和研究视角，如黄天鹏的《中国新闻事业》、蒋国珍的《中国新闻发达史》等。相比之下，罗文达作为一位西方学者，其研究方法的选取则体现出了不一样的研究思路。罗文达在对中国宗教报刊的研究中，使用了传播学中使用较多的调查研究方法和社会学所热衷的实地观察研究法，这两种研究方法的使用在当时是具有一定的先进性的。

1. 调查研究为主

罗文达的《中国宗教报刊》一书，有 16 张图表和 7 幅地图，所呈现的大部分资料和数据都是经过调查考证的，书中的结论也基本是根据所搜集的资料和数据推断而来，可以认为，《中国宗教报刊》这部学术著作具有很明显的实证主义倾向。

根据相关研究可以发现，罗文达在对中国宗教报刊进行研究的过程中，已经开始尝试运用西方传播学的调查研究方法。罗文达指导的学生古廷昌表示，他是在罗文达的指导下完成了对新教报刊的研究。据古廷昌介绍，他于 1935 年 12 月开始，在近郊机构历经几个月时间的问卷调查，才完成了对这部分内容的研究，这部分内容在《中国宗教报刊》的第一章第三节。[①]《中国宗教报刊》一书最显而易见的研究特点，就是将其研究成果——大量实际调查的数据用表格的形式呈现，再结合当时的文献材料和社会背景加以分析。在《中国宗教报刊》中出现的第一张表格，是罗文达对 1600 年以来中国天主教报刊数量的调查统计表。从罗文达的这张统计表中可以看出，1700～1800 年，中国天主教徒的数量减少了 1/3，到了 1850 年，天主教徒的数量则恢复到 1700 年的水平（见表 6）。

表6　1600～1937 年中国天主教徒数量

单位：人

年份	天主教徒数量	新信徒数量	年份	中国总人口（百万）
1600	400			
1700	300000			

---

① 刘兰珍：《罗文达的近代中国新闻事业研究》，《新闻与传播评论》2012 年第 3 期。

年份	天主教徒数量	新信徒数量	年份	中国总人口（百万）
1800	200000			
1850	320000		1842	413.0
1900	741562		1902	440.0
1907	1038000			
1910	1292287		1910	438.4
1913	1406659	613002		
1921	2056338		1923	436.1
1929	2377459	370833		
1932	2562742	350274	1932	474.0
1933	2624166	411094		
1934	2623560	411184		
1935	2818839	495060	1935	480.5
1936	3018428	517423		
1937	3082894	600560		

数据来源：〔德〕罗文达《在华天主教报刊》，王海译，暨南大学出版社，2013，第7页。

对此，罗文达结合当时的社会背景信息，对这些数据进行了解读和分析。他指出，1700～1800年，天主教徒数量的急剧减少，是因为雍正帝在1724年开始禁止基督教在中国传播，而1850年之后，中国天主教徒的增长则是因为中法之间签订的条约保障了宗教的自由并减少了传教的障碍。①

从上文的分析中可以看出，罗文达在对中国宗教报刊进行研究时，已经留意到了报刊与社会之间的互动关系，把媒介放置于大的社会背景中去研究。他针对中国宗教报刊所进行的统计调查研究，不是对资料和数据的简单搜集与罗列，而是在努力理解中国当时社会发展的基础上，对这些调查得来的内容进行解读。李彬在《"新新闻史"：关于新闻史研究的一点设想》一文中提出在中国新闻史的研究中可以融入社会史的范式，并提出了"新新闻史"的概念，"社会史的范式在新闻史研究中可以体现为新闻与社会的融合"。② 可以认为，罗文达的研究与当代学者李彬提出的"新新闻史"

---

① 〔德〕罗文达：《在华天主教报刊》，王海译，暨南大学出版社，2013，第7～8页。
② 李彬：《"新新闻史"：关于新闻史研究的一点设想》，《新闻大学》2007年第1期。

研究有一定程度上的契合。

此外，值得注意的是罗文达在对宗教报刊的调查研究中，既关注到了那些影响力较大的报刊，也没有遗漏部分影响力较弱的报刊，在数据的调查上尽可能做到了完整、严谨。例如，在根据地理位置对在华天主教报刊进行统计时，罗文达不仅统计了在中国比较容易调查到的报刊，还特别提到了美国出版的两种中英杂志，"然而，两种在美国出版的中英杂志不应该被忽略，因为它们是由旧金山中国天主教会的中国人出版的。这两种杂志的内容都是关于宗教和教育的，其发行量较小"①。

罗文达在对中国宗教报刊进行分阶段统计调查时表现出了高度的严谨和细致，这些精心调查得到的数据，被罗文达放置在一张张表格中，这些表格能够非常直观清晰地展现出罗文达调查研究的结果，体现出定量研究的特点，这也是首次有学者用定量的方式对中国新闻事业进行研究。

2. 实地观察研究为辅

实地观察研究也被称为"田野研究"，这种研究主要是在现场进行，通过对真实环境的调查分析，来达到探索性研究或假设性研究的目的，是社会学家在从事社区研究和群体研究时经常使用的研究方法。罗文达在对中国宗教报刊进行研究时，就采用这种研究方式来进行资料的搜集和分析。在实地研究的过程中，罗文达则使用了观察的研究方法。

李公凡在《基础新闻学》一书中，对观察的研究方法有这样的介绍："一切思想，都与时代结着紧密的关系。新闻学自然也不能例外……在某一个时代里，一定不能有反乎时代的言论。我们要明白上述的关系，少不了的是研究者自己精锐的观察。因为所谓'时代的'就是某一个时期中大多数人的思想与行动的一致点，这个一致点是没东西给我们参考的，所以必有赖于自己的观察。观察的错误与否，就在于自己曾经过的科学训练的程度的深刻和幼稚。"② 罗文达在燕京大学授课的经历为他提供了充足的时间和机会与被研究者互动，解读他们的行为并加深自己对整个中国社会的认识。一方面，这种研究方法的选取，使得罗文达所搜集到的一手资料相对

---

① 李彬：《"新新闻史"：关于新闻史研究的一点设想》，《新闻大学》2007年第1期。

② 李公凡：《基础新闻学》，复兴书局，1936，第24～25页。

真实可靠；另一方面，这种结合了自身的学科背景和对当时中国社会现象的认识和理解而形成的著作具有不可复制的学术价值。在前言中，罗文达提到，"这次报刊调查进行了大量查询，发现了相关的新的文献资料。目前的敌对状态使得这项工作尤其艰难、凶险。在这里，特别感谢尊敬的中国天主教主教会议委员会秘书迪茨和燕京大学刘乐意（George R. Loehr）教授。两人通读书稿并提出了有价值的建议"①，充分体现了观察法进行实地观察的优势。

三　《中国宗教报刊》的贡献及启示

罗文达所著的《中国宗教报刊》一书，是德国汉学研究的重要成果之一，这本学术著作的出版，也是中国新闻史研究国际化的一部分，它出版于 20 世纪 30 年代，至今依然被许多当代中国新闻史学者作为文献资料进行参考。这部著作独特的研究视角和充满新意的研究方法，能够为中国新闻史的研究开阔视野，拓展新思路。这也提醒我们，今后中国的新闻史研究应该更开放、更包容。

（一）对中国新闻史研究的贡献

《中国宗教报刊》对中国新闻学的贡献，主要体现在两个方面：首先，《中国宗教报刊》对中国宗教报刊全方位的研究，对后来者研究这一时间段的新闻事业提供了有益的史料参考；其次，《中国宗教报刊》一书中，对中国宗教报刊的研究是世界汉学研究的一部分，这部分研究为中国新闻史的研究走向国际舞台做出了贡献。

1. 为中国新闻史研究者提供史料参考

罗文达对中国宗教报刊的研究具有很高的参考价值。在 20 世纪二三十年代，以中国宗教报刊作为专门的研究对象，并使用统计调查、问卷调查和实地观察的方法进行研究的学术著作，可以说仅有《中国宗教报刊》一

---

① 〔德〕罗文达：《在华天主教报刊》，王海译，暨南大学出版社，2013，"前言"第 2 页。

份，尤其是罗文达对于其身处的民国期间中国宗教报刊的研究，具有独一无二的学术价值。后来许多新闻史学者在研究报刊的过程中，只要涉及民国宗教报刊的内容，基本上都参考了罗文达《中国宗教报刊》提供的资料和数据。

本文在对《中国宗教报刊》进行内容分析时就提到了相关研究对它的借鉴和引用。此外，新中国成立后，两本以中国宗教报刊中的传教士报刊作为研究专题进行研究的学术著作——美国学者何凯立的《基督教在华出版事业（1912—1949）》和赵晓兰与吴潮合著的《传教士中文报刊史》，都参考了罗文达在《中国宗教报刊》一书的相关研究成果。何凯立的《基督教在华出版事业（1912—1949）》的英文版本出版于1988年，在2004年由陈建明、王再兴教授翻译出版。这本书重点考察了新教报刊在民国时期的发展情况，天主教报刊则不在其考察范围之内，"天主教出版物也不在本文探讨之列，主要是因为缺乏可资考察研究的材料"。[1] 这本著作的第六章第二节"民国期间新教期刊的发展"、第三节"期刊的出版者及期刊的地理分布"、第四节"期刊的风格、发行周期和发行量"，分别引用了罗文达在《中国宗教报刊》一书中对新教报刊的研究。具体参见表7、表8、表9。

表7　新教中文期刊创刊统计（1815～1947年）

单位：种

年份	期刊数
1815～1890	38
1890～1913	49
1914～1937	453
1944～1947	3
合计	543

数据来源：〔美〕何凯立：《基督教在华出版事业（1912—1949）》，陈建明、王再兴译，四川大学出版社，2004，第219页。

---

[1] 〔美〕何凯立：《基督教在华出版事业（1912—1949）》，陈建明、王再兴译，四川大学出版社，2004，第4页。

表 8 新教期刊在 7 个沿海城市的分布情况 （1815～1937 年）

单位：种

城市	1815～1890	1891～1913	1914～1927	1928～1937
上海	15	18	25	69
南京	—	2	4	11
广州	5	2	9	50
香港	1	6	2	16
北平	1	3	6	23
福州	3	1	3	16
汉口	2	3	5	11
总计	27	35	54	196

数据来源：〔美〕何凯立：《基督教在华出版事业（1912—1949）》，陈建明、王再兴译，四川大学出版社，2004，第 223 页。

表 9 新教中文期刊发行数量统计 （1938 年）

单位：种

期刊类别	每期发行量								合计
	500 以下	500～1000	1000～2000	2000～3000	3000～4000	5000～10000	10000 以上	不详	
日报	—	—	—	1	—	—	—	1	2
周刊	1	55	7	1	4	1	—	4	73
旬刊	—	1	2	1	—	—	—	—	4
半月刊	—	3	3	2	1	—	1	—	10
月刊	10	26	20	2	3	3	4	33	101
每年 10 期	—	—	—	—	—	—	1	—	1
双月刊	2	3	3	1	2	1	—	5	17
季刊	8	7	6	3	4	1	1	15	45
半年刊	1	1	2	—	—	—	—	5	9
年刊	2	3	1	—	—	—	—	6	12
不定期刊	2	2	1	1	1	1	—	6	14
不详	—	—	1	—	1	—	—	18	20
合计	26	101	46	12	16	8	6	93	308

数据来源：〔美〕何凯立：《基督教在华出版事业（1912—1949）》，陈建明、王再兴译，四川大学出版社，2004，第 227 页。

赵晓兰与吴潮合著的《传教士中文报刊史》研究了晚清到民国一百多年时间里的"传教士中文报刊"，这本专题性的研究著作，在对宗教报刊进行研究时，并没有关注到传教士所办的外文报刊，作者认为："传教士在中国创办的大量报刊中，既有中文报刊，也有外文报刊。但是，真正对中国社会产生广泛影响的是中文报刊。传教士创办的外文报刊，其主要读者为在外华侨……中国读者因语言障碍很少会有人去看外文报刊……"① 在该书的第十三章，作者对 20 世纪上半叶广学会报刊的评价，参考了罗文达指导其学生古廷昌对新教报刊研究的成果，"由于《女星》与《平民月刊》两刊的读者群都是社会底层文化程度不高、收入微薄的平民百姓、家庭妇女乃至低幼儿童，有的研究者认为，《女星》更'侧重农村女性，希冀可以改善农村女性的生活水平'"。②

由此可见，罗文达的《中国宗教报刊》因其在研究方法上的先进性和研究内容上的完整性，至今依然为国内学者对中国新闻史的研究提供着宝贵的史料参考。

2. 推动中国新闻史研究的国际化

罗文达对中国宗教报刊的研究是德国汉学研究的重要组成部分，也是世界汉学研究的一部分，《中国宗教报刊》的出版有助于让世界学者加深对中国新闻史的认识和了解，有助于推动中国新闻史研究的国际化。

"汉学"（sinologie）是欧洲人的术语，它指向"关于中国语言和文化的学术"③，是对中国的政治、经济、文化等各个方面展开研究的专门学问。德国当代汉学家 Andreas Pigulla 把 20 世纪以前德国的汉学研究全部称为"前汉学"，也就是说在 20 世纪，德国的汉学研究才真正作为一门学科开始形成。

罗文达也是最早对中国新闻史产生影响的德国汉学家之一，他的《中国宗教报刊》用英语写成，且在 1940 年就已经出版，罗文达的这一研究成果有助于加深国际学者对 20 世纪二三十年代中国新闻事业发展情况的了解，被德国的汉学家所看重。普林斯顿大学东亚研究系的学者柯马丁在《德国

---

① 赵晓兰、吴潮：《传教士中文报刊史》，复旦大学出版社有限公司，2011，第 2 页。
② 赵晓兰、吴潮：《传教士中文报刊史》，复旦大学出版社有限公司，2011，第 349 页。
③ 王维江：《20 世纪德国的汉学研究》，《史林》2004 年第 5 期。

汉学家在 1933—1945 年的迁移——重提一段被人遗忘的历史》一文中，对包括罗文达在内的那些受战争影响而被迫离开的德国的汉学家进行了介绍，柯马丁认为对这些汉学家尤其是对他们学术成果的了解，能够帮助我们真正认识过去的五十年中西方学术界在汉学研究领域的发展情况，因为这部分学者的研究提供了洞知中国研究发展史的视角。在这篇文章中，他对罗文达的汉学研究有很高的评价，特别是《中国宗教报刊》这一学术著作对宗教报刊在中国的出版发展情况的研究，"罗文达撰写了一些关于中国出版发展的著作，特别是关于宗教（天主教、伊斯兰教、佛教、犹太教）的期刊，并发表了关于中国犹太人的丰硕著作，此外，他发表了俄罗斯—伊斯兰和中国—伊斯兰研究成果，编写书目准备俄文学术成就的翻译，并撰写各种中亚主题的文章"。[1]

此外，19 世纪 60 年代，德国学者毛富刚出版了对中国新闻事业的研究成果——《中国现代报业》，19 世纪 90 年代，海德堡大学汉学系也展开了一系列对中国新闻史的研究，梅嘉乐、燕安黛、费南山、叶凯蒂等学者组成了专门的中国汉学研究小组——"中国公共领域的结构与发展"小组，在尽一切可能搜寻一手资料的基础上，对中国早期的报刊发表了颇具启发意义的观点。罗文达以及所有德国汉学家乃至世界汉学家对中国新闻事业的研究成果，都有助于将中国新闻史的研究推向一个更加国际化的舞台。

（二）对中国新闻史研究的启示

近年来，不少学者提到，中国新闻史的研究需要开阔视野、尝试新的研究思路，如吴廷俊和阳海洪指出，"当前中国新闻史研究出现了'学术内卷化'现象，也就是说中国新闻史的研究更多的是在重复前人的工作，而缺乏对新知识的探索，无法产生新的边际效应"[2]；崔萍也针对当下我国新闻史研究思路过窄的原因和解决方法进行了思考与总结，提出我国新闻史研究存在本体迷失和史观单一的问题，未来需要深挖研究内涵，打开研究

① 〔美〕柯马丁：《德国汉学家在 1933—1945 年的迁移——重提一段被人遗忘的历史》，《世界汉学》2005 年第 1 期。

② 吴廷俊、阳海洪：《新闻史研究者要加强史学修养——论中国新闻史研究如何走出"学术内卷化"状态》，《新闻大学》2007 年第 3 期。

思路，探索新的研究方法①。可见，当下我国新闻史的研究急需开放思想，挣脱枷锁，开阔视野。

1. 中国新闻史研究需要更开阔的视野

面对中国新闻史研究出现的这种"学术内卷化"的现象，笔者认为，一个重要原因就是国内的新闻史学者缺少国际化的研究视野，比如中国学者对罗文达这样的西方汉学家的研究成果长期以来的忽视。德国汉学家马汉茂（Helmut Martin，1940～1999）对中国学者几乎从不把眼光投向德国汉学的现象进行了批判，"在讳莫如深地冷淡了数十年以后，首先在汉语世界里出现了对德国的中国学研究的介绍，然而这些介绍在相当程度上只涉及了一点皮毛。北京的社会科学院新出的辞典里已经有了一些传记词条，但它们基本上没有体现出传主的真正研究状况。还有些零星的介绍发表在《国际汉学》杂志上。已出版的内容单薄的专著更是一种误导，例如张国刚的概况式的描述。这些努力尽管粗糙，但却是个新的开端，对这样的开创性的尝试应该赞赏。这一状况恰恰说明，到目前为止，德国方面研究这一学科的可靠而全面的发展史还没有写出来，因此，中国的这些学者和作者们没有东西可资参考"。②

罗文达早在20世纪二三十年代就已经开始用传播学的研究视角来打量中国新闻事业的发展，并将传播学的研究方法引入中国传统新闻学的研究中，其对中国宗教报刊的专题性研究完整、系统且严谨、可靠，能够为我国新闻史的研究开阔视野。然而笔者在研究中发现，罗文达的这一学术著作被淹没在与他同时期国内学者的研究著作中。目前，《中国宗教报刊》的英文原版著作还没有在国内图书市场上出现，也没有学者将这部学术著作完整地翻译为中文版，方便中国新闻史学者进行翻阅、参考或研究。

从本文对罗文达《中国宗教报刊》这部著作的分析可以看出，德国汉学家罗文达对中国宗教报刊的研究有很多独特的视角，能够与国内学者的研究形成对比与互补，除了上文提到的《中国宗教报刊》在研究内容和研究方法等方面值得我们借鉴，罗文达在对中国宗教报刊进行研究时，还紧

① 崔萍：《新闻史研究思路和方法讨论述评》，《武汉大学学报》（人文科学版）2009年第2期。
② 参见王维江《20世纪德国的汉学研究》，《史林》2004年第5期。

紧围绕三个问题，即：宗教报刊对于传教组织意味着什么？宗教报刊对于既定受众意味着什么？宗教报刊对于中国这个国家意味着什么？《中国宗教报刊》这部学术著作表现出的高度的问题意识，也正是中国新闻史研究者普遍欠缺的。可以认为，重视对类似于《中国宗教报刊》这样的西方汉学家的学术著作的研究，也是我们开阔中国新闻史研究视野的一种方式，而唯有真正以更开放的姿态、更国际化的视野来看待中国新闻史的研究，才能挣脱枷锁，放开眼界。

2. 中国新闻史研究需要更包容的心态

我国的中国新闻史研究有两座高峰，一是戈公振的《中国报学史》，二是方汉奇的《中国新闻事业通史》（三卷本），这两部新闻史的著作有很高的学术价值和参考价值，成为国内新闻史研究者必读的文献。许多学者在研究中也努力向戈公振和方汉奇的研究路径靠拢，一方面，通史和断代史的研究成为中国新闻史研究的绝对主流；另一方面，传统的中国新闻史研究范式和研究方法得到了沿袭。目前国内的新闻史学术著作，有大量通史和断代史的研究，然而专题性的研究和个案研究却过少，各大高校在新闻史教育中所使用的新闻通史类的教材就有几十种，影响力较大、使用范围较广的专题性研究和个案研究则稍显不足。此外，中国新闻史研究对于比较热门的领域关注过密，偏冷门的研究领域几乎无人问津，比如前文所述国内新闻史学者对民国以前的传教士报刊，特别是天主教报刊和新教报刊有大量重复性的研究，然而对民国时期的传教士报刊以及少数教派报刊和中国国内的传统宗教报刊的研究却几乎一片空白，这样的新闻史研究必然是不完整的，是存在缺陷的。

罗文达对中国宗教报刊研究的成果——《中国宗教报刊》属于典型的专题性研究成果，他的研究表现出选题视角独特、完整系统、严谨、有明确问题导向等特点，在几十年之后依然成为当代新闻史研究者在进行相关研究时难以绕过的参考资料。然而，与罗文达同时代的不少国内的学者，坚持以戈氏的研究为中心，大量参考并引用戈氏的研究成果，而缺乏自己的独立思考，最终写就的学术著作更像是对前人史料的重复堆积。

中国新闻通史和断代史的研究因为研究的范围相对过大，对新闻史研究者的学术功力和毅力都有极高的要求，难以取得突破性的进展，对此，方汉奇也表示，"面上的研究，前人之备述矣"①，当今的新闻史研究要想取得创新应该多做更有深度的研究，多去挖掘前人还没能涉及的问题。新闻史的研究是史学研究的一部分，既然是研究历史，就应该保证将研究的目光投向每一个角落，保证研究的完整性，而不能仅仅聚焦于热点问题。

《中国宗教报刊》是罗文达的代表作，它诞生于连年战乱的20世纪30年代，为完成这部学术著作，作者罗文达当时在具有国际一流学术水平的燕京大学开展了为期四年的调查研究，罗文达在非常艰苦的情况下，依然执着于一手资料的调查统计和分析，他的研究同时也得到了当时社会各界的帮助。这部著作以中国宗教报刊为一个专题来进行研究，在研究内容和研究方法上都凸显出一定的西方特色，与国内学者的中国新闻史研究形成鲜明的对比，同时又互为补充。

林语堂对汉学研究的艰难有这样的描述："汉学研究遇到的困难可与漫长的自杀过程相比拟，而当时有勇气承担这项疯狂任务的人应具有超人的能力。这是一种充满奇异经历的工作，一个人越是努力工作，他就越具有创造性，而一个人越是企图自杀，他就越能感觉活着的意义，就像很多女人那样，每生一个孩子就变得更加健壮。"② 罗文达在中国的燕京大学完成了《中国宗教报刊》这部著作的写作，作为一位身处中国的西方学者，他将当时西方比较流行的传播学的统计调查、问卷调查等研究方法引入对中国新闻事业的研究中，他的调查和统计都是在非常艰难的情况下以严谨的学术态度完成的，这些在当时历经千辛万苦得来的数据和资料十分值得珍视。同时，罗文达将他搜集来的资料和调查统计的结果置于全球背景下，再结合中国的具体情况进行分析，形成了比较独到的见解。他在研究内容的选取和研究方法的运用上都能为中国新闻史研究开阔视野，提供借鉴。

---

① 方汉奇、曹立新：《多打深井　多作个案研究——与方汉奇教授谈新闻史研究》，《新闻大学》2007年第3期。
② 林语堂：《中国新闻舆论史》，王海、何洪亮主译，中国人民大学出版社，2008，第73页。

罗文达与中国早期新闻传播教育及研究

一　罗文达在燕京大学的新闻教育活动

20世纪二三十年代，罗文达来到中国的知名学府燕京大学，从事中国新闻学教育和研究。这个时期也恰好是中国新闻学教育初步兴起的阶段。

1924年，美籍教授白瑞华和聂士芬偕同家人来到北京，共同筹办燕京大学新闻系。时任燕京大学校长的司徒雷登在其回忆录《在华五十年》中提到，出于对新闻事业的偏爱，他在未能向燕京大学托事部申请到资助经费的情况下，坚持设立了新闻系。燕京大学新闻系的教育总体上比较成功，在当时的中国颇具影响，"当时，报纸作为新闻传播的主要手段，已经对人们的生活产生了巨大的影响。在这个新行业的起步阶段，强调编辑水平和新闻道德是很有必要的。新闻系刚一创办，就成为学校的热门专业，其受欢迎的程度和经济专业不相上下。后来一段时间内，新闻系毕业的学生几乎占据了中国新闻社驻外代表的全部名额，在中国的新闻界，他们也都做得很好"[①]。虽然新闻系成立之时就广受学生喜爱，但资金不足的问题持续阻碍着燕大的发展。1934年，在罗文达初到燕京之时，燕大新闻系聂士芬教授此前在美国所募得的5万美元经费已经用尽。直到1935年，梁士纯接任新闻系主任，并争取到了国内报界和热心于新闻教育的人士提供的种种支援，长期困扰新闻系的资金问题才算彻底解决。梁士纯担任系主任后，

---

① 〔美〕司徒雷登：《在华五十年》，李晶译，译林出版社，2015，第56页。

对燕大的施教方针也进行了调整，除了训练新闻人才，燕大新闻系还致力于对新闻事业的研究，进行新闻报纸的改良实验。关于罗文达在燕大新闻系正式从事新闻事业的研究，1934 年创办的系报《燕京新闻》有这样的记载：进行新闻事业之研究，如燕大新闻系罗文达教授的《北平报纸之研究》①。

1934～1937 年是燕大新闻系发展的一段"黄金时期"。燕大新闻系在培养新闻人才的过程中，十分注重新闻学理论和实践的结合，积极引导新闻系的学生投入新闻实践中，包括引导学生创办了《燕京新闻》，鼓励学生参与新闻学会的讨论，鼓励学生到社会上的报馆进行实习等。

此外，在课程设置上，燕大新闻系一直坚持专业教育和通识教育相结合、理论和实践并重的原则，培养出一批既有新闻学的专业知识，又有其他相关学科的知识基础，且"走出校门就能用"② 的新闻人才。根据曾任新闻学系主任的著名报人黄宪昭的回忆，当时新闻系的专业课程包括新闻学导言、报章文字、新闻之采访与编辑，以及比较新闻学和新闻学史等。③ 在新闻系的这些专业课程中，罗文达所教授的比较新闻学也颇受学生喜爱，新闻系必修专业课中，"学生们比较喜爱的包括黄宪昭的新闻学导论、马丁先生（F. L. Martin）的报人品德、罗文达（Mr. Löwenthal）的比较新闻学等。此外，教授们还常与学生们利用课余时间进行讨论、交流"。④ 依据黄宪昭的介绍，比较新闻学主要是用批判的态度分析国内报纸存在的问题，同时将国内的报纸和日、美等外国的报纸进行对比，研究各国诸如报馆组织、内容编排等新闻事业发展的相关情况，通过对各国新闻事业的优劣对比，努力促进和完善本国报纸的发展。⑤

罗文达除了在授课方面比较受欢迎外，他在从事新闻事业的研究过程中也能够积极引导学生。前文已介绍罗文达的《中国宗教报刊》一书后面部分的内容，是他指导自己的学生完成的，如罗文达指导学生古廷昌在研

---

① 参见《北平私立燕京大学文学院新闻学系课程一览》，北平私立燕京大学，1936。
② 苏予、钱辛波：《部分校友座谈燕大新闻学系》，载燕大文史资料编委会编《燕大文史资料》（第七辑），北京大学出版社，1993。
③ 龙伟等编《民国新闻教育史料选辑》，北京大学出版社，2010，第 38 页。
④ 刘方仪：《中国化新闻教育的滥觞——从 20 世纪 20 年代燕大新闻系谈起》，《北京社会科学》2004 年第 2 期。
⑤ 龙伟等编《民国新闻教育史料选辑》，北京大学出版社，2010，第 38 页。

究中使用问卷调查的研究方法，同时，罗文达还和他的学生梁允彝共同完成了对中国佛教报刊的研究，与图书馆助理馆员陈鸿舜合作完成对中国道教报刊的研究。他引导学生运用传播学调查研究的方法对中国新闻事业展开研究，对中国新闻学人才的培养发挥了作用。

可见，罗文达在指导学生进行新闻事业研究的过程中，取得了不错的成绩。20 世纪 30 年代，南京中央大学校长罗家伦曾提到：想要办一所好的大学，就应该汇聚一群能真正静下心来搞研究的学者，学校应该给这些学者提供优厚的待遇和完善的设施，让他们能够专注于自己的研究，做出成果，成为青年学生的榜样，老师起到这样的带头作用，学生们才能够受到老师这种治学精神的感染，从而投入学术中①，燕大新闻系教育的成功之处，也许正在于凝聚了一群像罗文达这样的学者。

1937 年 7 月 7 日，卢沟桥事变爆发，北方许多高校迁移到了南方，只有燕京大学最终留守在了处在日军包围下的北平，燕大的师生将北平沦陷时期的办学，称为"孤岛时期"的办学。处在这个时期的燕大新闻系，面临的首要问题就是教师队伍的问题，当时，《益世报》总编辑刘豁轩为代理系主任，孙瑞芹先生任教，二人几乎承担了新闻系所有的课程教授任务。在如此艰难的时期，罗文达也坚守在燕大，"只有一门世界报学史课程，由兼任讲师罗文达博士讲授，他是德国犹太学者"②。

20 世纪二三十年代，新闻学作为一门独立学科的地位在中国被确认，但传播学尚未建立。③ 当时，中国的新闻教育事业刚刚起步，专门从事新闻研究的学者和接受过正规新闻教育的学生都非常有限。罗文达作为一名来自德国的犹太学者进入中国，并在当时的燕京大学从事新闻学教育，自然有特别重要的意义。

不管是教授还是讲师，从上述内容都可以看出，罗文达在中国做了十余年的新闻学教育工作，为中国近代新闻人才的培养和新闻学科建设都做出了一定的贡献。

---

① 中国第二历史档案馆编《中华民国史档案资料汇编》，江苏古籍出版社，1994，第 291 页。
② 肖东发：《新闻学在北大》，北京大学出版社，2011，第 131 页。
③ 谢鼎新：《新闻学研究演变的路径探析》，《浙江传媒学院学报》2008 年第 2 期。

二 罗文达对中国早期新闻传播教育的贡献

(一) 引入新闻学研究的新方法

我国的新闻学研究随着近代报刊的创办而出现。1834 年 1 月,一篇题为《新闻纸略论》的新闻学专文发表在传教士报刊《东西洋考每月统记传》上,开启了国内关于新闻学研究的进程。成立于 1918 年的北京大学新闻学研究会,则被视为我国新闻学教育研究的开端。① 在这期间,学术研究还没有进入专门化的阶段,没有严格意义上的新闻学研究方法。新闻学研究主要以报刊论述的形式出现。除这些发表的专文外,发刊词、序文、启事等形式也是当时学者主要采用的呈现方法,这种政论文式的新闻学研究,较多地使用直觉、想象(如"耳目喉舌论"),它几乎与文学作品的创作方法等同,在方法论上可归入人文主义范式。② 有学者认为,这种方法"往往是随感式的,没有系统的考察,也没有严格的论证,只是感情色彩很重的价值判断"③。

罗文达在对中国新闻传播事业的历史与现实的研究中,主要采用了历史分期研究法和实证调查研究法,极大地丰富了我国新闻学研究的方法,对后来的学者具有启发和借鉴作用。

20 世纪三四十年代,中国新闻学研究者就已经运用了分期法来研究中国新闻学。1922 年秦理齐在研究中国新闻事业时,在《中国报纸进化小史》一文中描述道:"统观我国新闻事业,自唐迄今千一百余年间,略可区为四期:嘉道以前为官报时期,甲午以前为西人办报时期,光复以前为华报开创时期,民国以后为华报勃兴时期。"④ 戈公振在《中国报学史》中的分类与之相似,而林语堂的分期则不包括在华的外国报刊。

---

① 张振亭:《试论我国新闻传播研究方法的演变》,《江西社会科学》2009 年第 11 期。
② 张振亭:《试论我国新闻传播研究方法的演变》,《江西社会科学》2009 年第 11 期。
③ 徐培汀、裘正义:《中国新闻传播学说史》,重庆出版社,1994,第 268 页。
④ 秦理齐:《中国报纸进化小史》,载张静庐辑注《中国出版史料·丁编》(上),上海书店出版社,2011,第 5 页。

可以看出，当时国内的学者只是对本国的报刊进行分期，对外国的宗教期刊，则是将其单独列为一类或是没有关注。

同时期的罗文达在对西方的宗教期刊的研究中运用了分期法。在结集出版的《中国宗教报刊》一书中，罗文达的调查和分析基本上是以 10 年为一个单位进行划分的，如"1872～1900 年在华天主教报刊""1901～1911 年在华天主教报刊"等。

罗文达对在华宗教期刊的分期研究填补了 20 世纪三四十年代国内学者对宗教期刊研究的空白，不仅使近代中国新闻史的内容更加完整，还为这一阶段的时期划分提供了重要的历史资料，为后人的进一步研究打下了基础。2013 年，梁爱香、黄哲两位学者在罗文达这一分期的基础上进行研究，对在华天主教报刊活动的全过程进行了历史分期和阶段性的传播特征分析。[1]

（二）新闻教育与新闻研究相结合

1934 年，罗文达进入燕京大学成为新闻系老师，在十多年的教育生涯中，除了指导学生撰写论文，他对近代中国新闻人才的培养也有比较深入的探讨。

当时的中国在各个领域学习西方，甚至是毫不甄别地照搬西式教育，从西方传入的现代新闻学更是如此。虽然中国自古就有新闻报刊，但其和近代发展的新闻学仍有很大的区别。基于新闻学的发展情况，处于巨大变革中的近代中国求贤若渴，西方关于新闻的教学理念和教育思想成了国内新闻教育的主流。

拥有西方教育背景的罗文达认为，照搬西式教育并非一剂良方。和同时期的其他新闻学者一样，罗文达也认为新闻人才培养的问题是近代中国报业发展困难的一个重要原因。但有别于其他学者，罗文达提醒道，近代中国新闻人才培养最大的问题不是培养的人数太少，而是培养制度本身存在问题。他指出，当时国内有三所设立新闻系的大学最为著名，不过这三

---

[1] 梁爱香、黄哲：《在华天主教报刊活动的历史分期》，《广东外语外贸大学学报》2012 年第 2 期。

所学校都采用美国的新闻制度去培养国内的新闻学生，然而培养者却忽视了美国和中国国情的差别：一个经济基础良好，一个在温饱线上挣扎；一个科技支撑强劲，一个科技相对匮乏；一个已经建立了较为完善的新闻体制，一个正在探索之中。二者之间的巨大差别决定了美国的新闻制度不能完全适合于中国，中国应该探究一种适合本国国情的新闻教育方式并编写中文的教学书籍。这对于当时奉行西式教育的中国，不能不说是一种标新立异的思想。罗文达这种清醒且独特的认识对中国新闻教育的发展有参考价值。

罗文达认为新闻学教育中有两点尤为重要：一是新闻学不是一门独立的科学，是由历史、经济、政治和社会等学科组合而成；二是要重视对中国报界实际问题的研究。

确实，近代中国的新闻教育或许因为正在忙于学习西方的新闻制度，仅仅停留在技术层面，而对于更深层次的道义还来不及细细探究。拥有背景优势的罗文达在大家忙于照搬西方制度的时候提出自己独到的见解，可以说，这对当时的新闻教育起到了醍醐灌顶的作用。

即使在今天，这两点也是当下新闻学教育所强调的。罗文达对新闻学教育的思考仍然有重要的借鉴意义，足以见得其思考的深远性。

结　语

罗文达在中国期间主要从事的是新闻传播实务的研究工作，虽然他围绕宗教出版物进行了调查，但并没有进行实际的采写编评等新闻业务工作，也没有新闻作品留存下来。根据现有资料没有发现罗文达在中国从事过相关的新闻业务工作，因而就新闻教学来说，罗文达是缺少实战经验的。尽管罗文达本人也强调了新闻教育要着眼于新闻实践，但因其经验有限，他未能进一步提出更详细的教育方法，这也使其教育思想存在一定程度的缺陷。

罗文达的研究工作主要侧重于调查和记录，其研究思想隐藏在他的调查成果和其他论文之中。而罗文达自己并没有进行更深入的思考，形成一套完整的新闻学思想，这为后世研究其实践和思想带来了一定的困难。

毛富刚——被忽略的中国新闻
事业的实践者和研究者

近年来，德国、美国和日本汉学界对中国新闻史研究的成果逐渐受到国内新闻史学界的关注。但其中一个既有长时间的中国报界实践经历，同时又有丰富的中国报刊实物收藏以及研究的人却被长期忽略。他，就是德国汉学家毛富刚。

德国汉学家毛富刚（Wolfgang Mohr），曾经在中国的报界工作过相当长的时间，并参与过中国第一台四版宽 LB401 型轮转印报机的设计制造。他对中国近现代报业发展的历史有独到而深入的研究，并著有三卷本的《中国现代报业》。该书以丰富的第一手资料和作者的亲身实践经验为基础，翔实、丰富，是后来德国汉学家研究中国近现代报刊的重要参考文献。

一　毛富刚生平及其在华新闻活动

关于毛富刚的生平和事迹介绍的文字非常之少，包括在德国的谷歌搜索上也难以找到有关他的资料介绍。

毛富刚，原名沃尔夫冈·莫尔（Wolfgang Mohr），1903 年出生于德国慕尼黑市，其父马丁·莫尔博士是著名的新闻人和新闻学者，曾发行过《民族自由通讯》杂志，并担任过《慕尼黑最新消息报》《中黑森广告报》等数家报刊的总编辑；他是"德意志报刊帝国协会"创办者之一，并担任了巴伐利亚州的协会负责人，还担任过帝国协会副主席等重要职务；他还是早期德国著名的新闻教育家之一，与杜菲法①等共同创办了柏林弗里德里希－威廉姆大学报学系。②

毛富刚子承父业，1924～1927 年在其父所创办的新闻系做实习生，并在柏林著名的东方语言研讨班学习中文，这为他后来在中国丰富多彩的工作和生活经历打下了坚实的基础。1932 年，他成为机械制造工程师，旋即来到中国，并在中国度过了 23 年。秦瘦鸥的文章记载，专攻印刷机械制造和修理的毛富刚来到中国，1932～1942 年，先在孔士林洋行当工程师，这是一家向中国各大报馆出售机器的德国工业公司；1942～1943 年，他与秦瘦鸥一起创办了一家中文报纸《政汇报》，但该报不久即被日本所禁③；1946～1955 年，他在上海精成机械厂担任车间主任。这家工厂在新中国成立后成了国有工厂。作为机械制造工程师，他参与设计和制造了中国第一批滚筒印刷机。在中国的将近四分之一个世纪的时间里，除了日常工作外，作为多家中国报纸的出版合作人，他与当时众多的社会名流（主要是政界、文化界和新闻界的著名人士）过从甚密。④

因此，毛富刚和当时的著名新闻人张竹坪、黄公韬、潘公展、何亚西、汪伯奇等都很熟悉，对于中国报界的内幕也十分清楚，被誉为"中国通"。"七七事变"前，他曾根据英文报馆所用的排字机的原理，设计出一种中文排字机，其字盘部分完全与中文打字机相同，能大大提高排字的速度。

毛富刚来到中国之后，对中国的文化兴趣浓厚，不但在生活习惯上向中国人靠拢，而且对中国的古书极其热爱，对中国的版本学颇有研究，深厚的汉语与文化知识的积累，为他后来编写《中国现代报业》打下了基础。

此外，还应一提的是毛富刚在中国短暂的参政事件。在第二次世界大战初期，作为德国人的毛富刚，其政治主张显然与德国纳粹政府相近，因

---

① 埃米尔·杜菲法（Emil Dovifat）（1890～1969），德国著名新闻教育家，基民盟（CDU）创始人之一，曾任德国柏林大学新闻系教授和负责人，出版有《报学原理》（一、二）、《新闻人格》等著作，是著名的伊丽莎白·诺依曼的博士导师。——作者注

② 参见 Gunda Stöber, *Pressepolitik als Notwendigkeit*（Franz Steiner Verstlag, Stuttgart, 2000），p. 13.

③ 秦瘦鸥：《怀毛富刚》，《天地》1942 年第 1 期。

④ 关于毛富刚的生平和早期经历，参见鲍吾刚（Wolfgang Bauer）为毛富刚的《中国现代报业》所做的序。

其妻子为日本人，他也极力主张中国政府应该和日本合作，而不是与英美结成联盟。汪伪政府发表的《外交公报·专载》曾提及毛富刚在汪伪政府与日本政府之间以个人名义的斡旋活动。其汤（良礼）次长在一次与国内外新闻界的联欢大会的致词中提到毛富刚在抗战前期的政治活动："当大多数中国领袖还在想念着与英美，尤其与美国合作以对抗日本的时候，我们有少数人……德国学者毛富刚先生……就想到我们不应随波逐流，与日本为敌而应与日本为友……毛富刚先生当时正经营商业，曾自备资斧，到过日本数次，从事初步接洽……"① 不过，从后来其办报被禁的事实来看，毛富刚并未与汪伪政府和日本沆瀣一气，而是转而与中国抗日报人联系在了一起。

1949年之后，毛富刚在国营精成机器厂担任工程师，并于1952年与我国的机械工程师施旦民等一起合作设计成功我国第一台四版宽轮LB401型转印报机，每小时生产四版报5万份，可套色，处于50年代的先进水平，填补了国内空白，为各省市大型报社采用，博得好评，为新中国成立初期新闻出版事业提供有效设备，节约大量外汇，并创汇出口香港《文汇报》；同年，二人再度合作，采用通用化设计试制成功我国第一台四版宽双组LB402型轮转印报机，每小时生产四版报10万份，最多可生产32版套色报纸，为《湖北日报》《工人日报》采用；1954年为《河北日报》成功改装德国"Vomag"轮转机，利用旧机器多余的印刷、折报等零部件改制成一台四版宽、每小时生产5万份的印报机，为利用废旧机器改成新机器，节约国家投资开辟了道路。②

此事从常世英主编的《江西省科学技术志》中也可得到证实，书中记载：1951年春开始使用精诚厂生产的32英寸中速轮转机印刷《江西日报》。这种轮转机是西德工程师毛富刚设计的，每小时设计产量为24000份对开报纸，实际每小时可印20000份。这是江西最早掌握轮转机技术印报，实现了从原来一次只能印单面两次印双面报纸的平压平型印刷机型，向一次能同

---

① 参见汪伪政府《外交公报·专载》第41期《中日德义五大通讯社庆祝轴心国承认国府联欢大会徐部长汤次长致词》，出版年代不详。
② 施旦民：《我与轮转印刷机》，《印刷杂志》1999年第11期。

时印出双面报纸的园压园型印刷机型的转变，工效提高 10 倍。① 不过，从这里可以看出，对于毛富刚和施旦民所设计的印刷机的工作效率的回忆，是有差异的。

1955 年，毛富刚离开中国，回到了德国，随后被刚成立不久的慕尼黑大学东亚研究所聘请，专门讲授中国报刊历史与概况。

在中国工作和停留期间，在工作与对中国文化、书法和绘画的研究之余，毛富刚花了十多年的时间研究中国报刊的历史，并积攒了 1872 年以来的许多报刊资料，这些珍贵的资料绝大部分在战争中被毁，但所保留下来的一些重要的原件，依然能让今天的读者了解到当时中国报刊发展的原貌。

毛富刚于 1979 年 10 月 7 日在慕尼黑去世。② 他对中国新闻发展历史研究的成果，集中于他的著作《中国现代报业》。

二 《中国现代报业》的内容分析

1976 年，德国威斯巴登的弗兰茨·施泰纳出版社出版了毛富刚编写的三卷本的《中国现代报业》。

《中国现代报业》为慕尼黑大学所出版的慕尼黑东亚研究系列丛书之一，由三卷资料性的内容构成，因此其副标题为 "Ihre Entwicklung in Tafeln und Dokumenten（图表与文献）"，这充分表明该书以图表与资料文献为主。丛书以时间为线索，系统全面地展示了自清朝末年至新中国成立后，到 1965 年，中国报刊业的发展进程。

这套丛书分为三卷。第一卷为文本说明，包括摘要、编者前言、作者前言、引论、正文和目录索引。第二卷为作者亲自绘制的图表，包括文字说明、目录索引、资料来源证明、资料复印、地理分类的图表和文献，还有时评（1800~1965 年）。在前言中，毛富刚写道：图表可以让我们直接看

---

① 常世英主编《江西省科学技术志》，中国科学技术出版社，1994，第 793 页。
② 参见鲍吾刚《怀毛富刚》，NOAG（东亚自然与人种学学会简讯）127/128. 1980，11 - 13。一些资料根据戴启秀发表于《德国研究》1999 年第 2 期的《德国当代汉学家鲍吾刚及其主要著作》以讹传讹，将《怀毛富刚》一文错写成 1984 年。而该文实际的发表时间为 1980 年。

到特定时期的报刊发展概况，以手头的数据为基础可以构建平行的想象。第三卷为作者所收集的中文报刊的复印本。这套丛书重点介绍了在政治局势转变时期，权力中心逐步瓦解、意识形态逐步建立的社会背景下，中国报刊业的结构转型。其研究立足于当时中国的政治局势，同时以翔实的资料介绍了中国商业报刊的整体发展，并对影响重大的报刊及新闻事件进行个案研究。为了让这些内容适合西方读者阅读，作者收集了大量中文和外文文献，并优先选用当时最新的研究成果。

在引论中我们可以看到毛富刚对中国报刊发展所持的观点。他认为，中国报刊史经历了三次重要发展：中文的报刊在排印和内容上符合西方意义的"报纸"的定义和内涵，是在鸦片战争（1839～1842）之后；太平天国（1850～1864）之后，中国的报刊是以西方报刊为范本的产物；封建帝国时期出现的官报可以作为现代报刊的突破。

毛富刚认为，如果把现代中文报刊在19世纪初的发行看作中国报业发展的开端，那么这些外国传教士创办的刊物，只能被看成勇敢、有趣的先行者。除了纯粹的天主教宣传之外，它们在19世纪末带来了新的大众文化信息，使受皇权束缚的中国印刷技术与欧洲的印刷技术得以交流。但由于传教任务的束缚，在现代化的中文报刊产生后，它们失去了文化传播的意义。

19世纪开始在中国发行的"小报"（也称"京报"，是"清报"的一种）是一种官方的、每天发行的刊物。这种早期的官报从内容上吸收了可以公开的宫门抄、明发谕旨和大臣奏章，形式多样，丰富有趣。但是小报在内容选择上并没有报纸的特点。小报的内容被民间印刷房逐字逐句地印刷，没有任何删减。1900年"官报"出现，代表着1895年后官方报纸向现代化报纸转型，有独立的编辑，内容更加专业，风格向报纸靠近。

中国现代报业的第二个发展是民营报和商业报。自从欧洲语言的报纸在中国出版以来，中国紧跟着成立了发行中文报纸的私营出版社。中方、外方企业家或中外合伙人在大陆重要城市和海外创办报刊，引导、促进了中国报刊的商业化。他们同时在华语区现代报刊传播和广告领域创造了显著的、历史性的突破。直到新中国成立早期，在很长的时间内商业报刊在排印和风格上都保持着创刊初期形成的传统模式，直到约1916年后排印形式才普遍宽松，报刊文体内容也有了转变。为了配合 1915~1923 年新文化运动对进步报刊的需求，一些报刊的私营性质发生了转变，伴随着这种转变的是大型商业出版社的发展和印刷数量的显著上升。

第三个发展是有力的政治报刊（期刊）从"改革派"和"革命派"各自的宣传机构中诞生。"改革派"和"革命派"的争辩使这些报刊变成"传声筒"，是对过时的封建政府和公共生活结构的一次政治、文化和管理的更新。两党的宣传机构，秉持着完全相反的政治目标，以独特的现代化的政治论战和新创语言通过报纸和期刊在内地尤其在海外产生了影响，并为清朝巩固海外殖民地创造了新的途径。两党政治上的尖锐对立尤其体现在他们不时激烈的唇枪舌剑上，传播到内地几乎所有重要根据地，甚至发行到了海外，一直持续到 1911 年辛亥革命爆发。[①]

丛书的文本说明分为两个部分。第一部分为封建时期到 1911 年末，主要介绍官报和小报。第二部分以 1949 年为节点，分为 1912~1949 年的民国时期和 1949 年后的中华人民共和国时期。再按政治地域划分，详细介绍在不同政府统治下的新闻业发展，即分别为北洋政府、南京政府、1945 年后的台湾地区、1949 年后的大陆地区、1945~1965 年海外地区的新闻业发展。书中包括作者对报业集团的研究，以及其他相关方面的研究，包括 1957 年《人民日报》的内容分析，1872~1949 年《申报》出版社发展研究，1884~1898 年《点石斋画报》的研究，1906~1958 年中国新闻法、新闻法规和出版条律的研究。

在这部丛书里，毛富刚对中国报刊业的分析主要体现在以下几个方面。

（一）对新闻业整体发展情况的分析

毛富刚认为，中国新闻业的发展与中国政治时局变化联系紧密，报刊的发展离不开其作为公共领域所发挥的功能。他写道："1900 至 1908 年出现了报业的'黄金时代'，在国人办报不成气候的情况下，除了在日本东京创办的报刊外，革命派所创办的报刊代表了当时报业发展的平均水平，其中水准最高的当属《民报》。""革命派与保皇派的论战、国民党与共产党的

---

① 毛富刚：《中国现代报业》，弗兰茨·施泰纳出版社，1976，第 6 页。

争论把中国新闻业从革命时期到今天的发展呈现到了世人眼前。"①

而政府对言论的严格控制也限制了新闻业的自由发展。"1916 年废除《修正报纸条例》减轻了对新闻业发展的钳制。由于各省获得了一定的言论出版自由,加上一战爆发后对信息的需求激增,中国新增约 290 家报业。"②

他不止一次评论说,动乱的时局催生了大量的信息需求,新办报纸数量激增,这促使中国新闻业不断向前发展。"从报刊增长的数量上看,1916 年到 1926 年报业发展停滞不前,直到 1927 年报刊数量才有了飞跃式的增加。这种现象是与社会长期动乱相挂钩的。"因为"1916 年到约 1925 年,中国的文化、政治、社会都处于转型时期,这时报纸不再拥有着举足轻重的影响力,取而代之的是杂志"。③

但事实上袁世凯政府颁行的《报纸条例》一直到 1926 年初仍在生效,从西方"新闻自由"的意义上严重限制了中国新闻业的自由发展。1928 年到新中国成立之前,中国新闻业并未如人们期待的那样发展,然而在此期间,新闻业还是出现了阶段性的繁荣。他分析了 1928~1934 年我国新闻业出现短期繁荣的原因。

1928 年革命军北伐成功,推翻了北洋政府。他特别提到北伐不只是军事手段上的胜利,在北伐中,中国共产党在广东拥有的现代化的系统的宣传手段,作为一种战争手段,也在北伐中做出了贡献。各省长官宣布效忠国民政府,给大陆统一、政治安稳的局面带来了希望。这一年,报刊业发展最突出的特点是报社纷纷往沿海大城市集中,特别是有外国租界的城市。报刊总数由 1931 年的 488 份增加到 1932 年的 867 份,这是 1928 年后办报高潮的风向标。

"在 1928 年后几年只有少量报纸仍拥有较大发行量。具有国际声望的报纸还没有出现。"④ 对此,他认为,以 1931 年和 1932 年的上海事件为导火索,日本对中国一步步侵占,导致全国范围的抗日活动,因此社会对报纸和信息的需求也急速增加。政府严格规定报纸登记的条例,虽然对报业

---

① 毛富刚:《中国现代报业》,弗兰茨·施泰纳出版社,1976,第 6 页。
② 毛富刚:《中国现代报业》,弗兰茨·施泰纳出版社,1976,第 6 页。
③ 毛富刚:《中国现代报业》,弗兰茨·施泰纳出版社,1976,第 6 页。
④ 毛富刚:《中国现代报业》,弗兰茨·施泰纳出版社,1976,第 6 页。

发展做出了一定限制，对企业家来说反而不是坏事。

（二）对主要报刊和报业集团的评析

毛富刚对报纸做了定性、定量研究，通过调查等方式，记录各大报刊阶段性的发行量等数据。例如，为了得出1937年确切的报业发展情况，他展开了全国范围的调查，调查范围限定在日发行量在10000份及以上的大城市，即拥有共388份报纸的35座城市，调查的来源包括一些办报人自称的数据，并对数据做出了适当调整。这次调查数据展示了抗日战争全面爆发前中国日报业的繁荣景象。他将数据与1934年的数据相比，发现：一般报纸和国民党党报的发行量都有所上升，比如天津的《大公报》和《益世报》的年销量达到了100000份；1937年在大城市登记过的报纸数量明显减少，报刊出版向大城市集中；上海两大报纸《申报》和《新闻报》自1937年起保持着居高不下的发行量。

此外，他对中国报纸的单独研究也引人注目。在《中国现代报刊》的最后部分，他对《申报》《点石斋画报》《人民日报》进行了单项研究。

1.《申报》的销量研究

《申报》既是上海最具商业代表性的报纸，也是最古老的持续发行到1949年的报纸。有可靠而丰富的、持续发售的数据材料支撑我们纵览《申报》，这些数据也有助于我们理解历史，它们构成的曲线在衡量社会事件上也具有价值。

《申报》是英商安纳斯·美查（Ernest Major）出于兴趣同伍华德、普莱尔、麦基洛等人于1872年合资创办的，经营和编辑人员均由中国人担任。1884年5月8日增办中国第一份时事画报《点石斋画报》（旬刊），创设申昌书局并出版《古今图书集成》等图书，进行多种经营。

从《申报》创办到1912年的40年里，《申报》的发行量是无意义的数据。学者们普遍认为《申报》的言论过于保守，需进行现代化改革。

1912年史量才接手《申报》后情况有所好转，1914年受战争影响，发行量大幅增加，1925年日发行量已达10万份。

《申报》与其竞争对手《新闻报》一起，是到1949年为止发行量最多的报纸。作为纯商业报纸，《申报》一直避免参与任何政治活动。然而其1937~

1945 年却失去了经济独立性。1945 年由国民党控制。1949 年被共产党接管。同年，这家中国最老的报纸出至第 25599 号，宣布停刊。《申报》馆是中国现代民营企业的标杆，具有划时代的象征意义。

2. 《点石斋画报》的特色研究

毛富刚认为画报改变了中国社会生活的范围，这些创刊于 1912 年之前的石印画报应该是商业报刊中独特的分支，但只有一小部分具有艺术和印刷术的价值。其中，最具艺术价值，同时也是模范杂志的当属《点石斋画报》。

1884 年 5 月《申报》馆出版了时事画报——《点石斋画报》，选择新闻中可喜可惊之事，绘制成图，并附事略。《点石斋画报》是当时最具划时代意义和最成功的画报，其后的追随者无论在印刷品或报纸上都没有超越它。吴友如离开《点石斋画报》后，主持《飞影阁画报》，二者在风格上十分相似，都获得了成功。

鸦片战争以后，西方的文明与科学技术涌进中国的沿海城市。1876 年，上海徐家汇天主堂附设土山湾印书馆，开设了当时中国规模最大的平板石印机构，用照相版技术翻印中国古籍。安纳斯·美查利用印刷技术热潮请来了秋子昂，成立了点石斋石印书局，并购置了相关印刷机器。

书局首先成功印出了《康熙字典》，销售十万份。此后又用石印技术印刷了多份书刊。短期内经多次尝试后，书局终于开始出版《点石斋画报》，每册八页九图，16 开本，目录为彩色。主要内容为时事、新知、奇闻、果报。采取图主文辅的表现手法。[①]

《点石斋画报》采用干支纪年法，每 12 期换一次纪年，1 ~ 12 期为"甲"，13 ~ 24 期为"乙"，以此类推。由于资料缺失，只能看出画报连续出版到 1898 年。

毛富刚认为，这份刊物将因为其印刷技术的卓越、绘画的精致留名。只是部分合集装订的失误使它不尽完美。

3. 1957 年《人民日报》的内容分析

《人民日报》在 1956 年 2 月 6 日这期曾发出公告，要求将过去的风格冗

① M. A. S., Brandt, *Der Chinese in Der Offentlichkeit und Der Familie*, *Wie er Sich Selbst Sieht und Schildent* (Berlin: D. Reimer, 1911).

长的报道或评论缩减，来完善、丰富报纸的内容，增加信息的多样性。毛富刚认为，报道的删减幅度应该减至最多留下 2000 篇，使每一页上有 10 ~ 12 种不同形式的标题。

他的研究证明了这些措施的效果，"整风运动"和"百花齐放"的政策使第二个方面（共产主义/意识形态）的关键词只占 18%。1957 年报道内容丰富的《人民日报》并未受到"整风运动"的影响。

他从 1957 年《人民日报》的大字标题中收集关键词，内容集中在以下四个方面。

第一个方面，外交政策。这一方面的报道建立在中国与社会主义国家和亚非国家的关系上，这些词语描述了这一时期的外交方向。社论集中在中国参加外交活动的需求上。中国与欧美国家的关系属于次要等级。

第二个方面，宣传共产主义。1957 年 5 月开始的"整风运动"掀起了意识形态领域的全面斗争。反对官僚主义的斗争从 5 月开始，8 ~ 9 月到达高潮后，与主题相关的关键词的使用频率也随之下降。"整风运动"这个词在 5 月出现得最多，6 月受舆论批评出现的次数最少，8 ~ 12 月的使用率重又上升到 5 月的一半。

第三个方面，经济。受到"第一个五年计划"的影响，与经济相关的词语也出现得较多。"国家经济"一词在报道和社论中出现的次数仅次于"工业"一词。

第四个方面，对内政策。文学、戏剧、电影、运动等文化生活方面的词语出现次数也在增多。《人民日报》在 1957 年关于文化生活的报道引发了读者极大的兴趣，展现了文化生活领域生气勃勃、丰富多彩的令人印象深刻的画卷。其中，行政问题排在 b（团体、公民教育、社会问题）和 c（科学、自然科学、技术、语言、科学会）之后。

引人注意的是在 e（印刷出版和编辑）里《人民日报》编辑部的参与度。与以往几年相比，这一时期有 381 篇社论和 243 篇出自评论员和观察员之手的文章，他们在这一年显得非常活跃。

在"单项研究"中，毛富刚对当时报业集团的研究是以《大公报》、《大光报》、《新疆日报》和《华侨日报》、《星洲日报》等分别作为国内、海外报团的代表，概述报业集团形成与发展的过程。

他指出，中国的报业集团于 1920 年后开始形成，1937 年抗战全面爆发前规模壮大。正规的集团模式首先成形于香港和新加坡的中文报纸，在国内，国民党机关报和民营报的报业集团才有发展的势头，但《申报》和《新晚报》这两家大报都没有试图向报业集团发展。

研究报业集团对报刊史的研究也有重要意义。他首先研究大型党派的报业集团，如国民党及政府机关报和军方报刊《扫荡报》（后来改名《和平日报》）、共产党的《新华日报》。他认为，《新华日报》是共产主义报刊史上报业集团建设的唯一证据。

其他的报业集团里他集中介绍了《世界日报》和《立报》，值得一提的是《立报》和《民生报》的负责人成舍我，他证明了用小型报的形式也能发行政治性的报纸，小型报也并不是"蚊子报"的唯一特征。在上海和南京，他的小型报以低廉的价格获得巨大成功。[①] 对于报业集团的评价还有《益世报》，它是最古老的著名报纸之一，连续出版到 1949 年。《新民报》是抗战胜利后第一家采用本土制造的书版轮转印刷机的报社。用中国制造的这些结实的机器，抗战胜利后十年，多家报社成立了。本土的轮转印刷机建造业最终受到国家重视，并发展起来。[②]

（三）对报业中心形成、发展的分析

毛富刚对报业中心的研究结果集中在图表里，他将收集到的大量数据制成了地图，用彩色标出报业中心城市，对照图表分析其发展状况。

毛富刚指出，1915 年已经出现了 4 个重要的报业城市——政治文化中心北京，经济中心天津、上海、广东，且它们已发展出了自己的报纸风格。1915 年，四大城市的报业总数为 71 个。1934 年，报业中心的数量从 39 个上升到 58 个。上海超过北平，成为全国最大的报业城市。北平报纸的总数虽然有所增加，然而发行量却不尽如人意。上海作为中国最大的经济中心，依靠领先的技术和庞大的报纸发行量成为全国的报纸中心，并从此保持其领先地位，这当然也严重影响了南京报纸的发展。政客及政府官员也愿意

---

① 毛富刚：《中国现代报业》，弗兰茨·施泰纳出版社，1976，第 96 页。
② 毛富刚：《中国现代报业》，弗兰茨·施泰纳出版社，1976，第 96 页。

在上海多做停留。政客多自己办报发声。租界内享有治外法权，可以逃过政府的直接管辖，党内批评者也可以逃过审查，通过报纸表达意见。

1937 年，大城市登记在案的报纸数量明显减少。由于发行量攀升，毛富刚只选取日发行量过万的 35 座城市，前七位为上海、香港、天津、广州、北平、南京和汉口。这段时期，报刊出版向大城市集中，一般报纸和国民党党报的发行量都有所上升。例如，上海两大报纸《申报》和《新闻报》自 1937 年起保持着居高不下的发行量。但是报业城市的报纸发行量存在明显的差距。例如，汉口的报纸日发行 110000 份，而杭州只有 64000 份，并且杭州 29 份报纸的总发行量都比不过上海《申报》每天 150000 份的发行量。这是由于这三座城市——上海、天津和武汉都有外国租界，报纸可以寻求保护。香港尽管不处于内地，但直至 1949 年一直被视作属于内地的报业城市。中日战争爆发后，政府节节败退，沿海报纸的收益迅速亏损。

上海和天津的发行量波动幅度和小报的庞大发行量非常引人注目。南方各城市坚持自己的风格（如拒绝发行小报），报纸发行量波动幅度较小，没有形成像《申报》和《新闻报》或《大公报》、《益世报》这样的大型出版报。从抗战全面爆发至 1941 年，上海和香港失去后方支援，变成了报业孤岛，报纸销量也随之减少。

（四）对 1906～1958 年中国新闻法规和出版条律的研究

在甲午战争后，报刊只有拥有像"革命派"或"改革派"创办的报刊那样大的影响力，清政府才会通过法律限制其发展。

清政府颁布的《大清律例》对记者和作家基本没有约束力，唯一有影响力的事件是 1903 年的"苏报案"。

1906 年是制定现代化报刊出版物规范的第一年。1908 年，第一部报刊法生效。然而那时报刊大多在租界内创办，新闻法规始终起不到实际作用。

辛亥革命后，《中华民国临时约法》保障了公民的言论和出版自由。出于政治原因，中华民国一直没有真正的出版自由。袁世凯在 1914 年颁布《出版法》，它的专制规定对后来的报刊仍有影响。1930 年南京国民政府颁布《出版法》，其专制性依然未有改变。对出版自由的呼唤和对审查制度的抗争贯穿了整个现代报刊史。

新中国成立后，一切旧的新闻法规自行废除，新中国颁布的《共同纲领》保证人民享有言论和出版自由。这里的自由有不同的含义，即从此以后，报刊摆脱资本主义、封建主义、帝国主义的控制。

党和政府在党的路线指引下工作，并指导着新闻业的统一。"百花齐放"的方针使报纸有权力公开批评权力机关。这些批评非常严厉，并起到了监督作用，机关会迅速整改。这是中国在开放媒体言路上的一次尝试。

此外，在《中国现代报业》一书中，毛富刚还对中国的通信事业进行了概括性的介绍。他认为成立严密的新闻检查网、党报和通讯社有助于形成新闻事业网，能加紧对新闻事业的统治。

中华人民共和国成立前中国报业发展的典型事物是所谓的"通讯社"。《中国现代报业》一书的附表详细地展示了南京政府登记和未登记的"通讯社"的数量和地点。

但是，无论国营、私营，"通讯社"总体数量都很少，因此被当成散播流言的公司。通讯社通常收集一些内部信息，在报纸的生活板块发表生活的"调味剂"。这一时期，报社派出的记者也不能完全取代这些"通讯社"。

三　《中国现代报业》的影响

虽然《中国现代报业》几乎未引起国内研究者的重视，但是它对德国和西方其他国家的汉学研究者的影响却非常大。海德堡大学汉学系教授瓦格纳在其著作中，数次引用毛富刚书中的资料，而后来的学者如海德堡大学的梅嘉乐、燕安黛和费南山等，在其著作中也无不引用他的资料与观点。

书中使用了大量他自己积攒的原始资料。例如，曾经引起卓南生教授极大关注的《香港中外新报》，戈公振在《中国报学史》一书中所引用的是报纸原件的出版时间，为 1912 年[①]，卓南生在其《中国近代报业发展史》中所提及的报纸原件是 1872 年 5 月 4 日的《香港中外新报》[②]，并且对这一

---

① 参见卓南生《中国近代报业发展史》，中国社会科学出版社，2002，第 117 页。
② 参见卓南生《中国近代报业发展史》，中国社会科学出版社，2002，第 118 页插图。

发现表现出极大的兴奋之情。而在毛富刚的书中，他使用的则是 1885 年 7 月 9 日（光绪十一年乙酉五月二十七日）的报纸原件。虽然这个原件比卓南生所发现的报纸出版日期要晚 13 年，但该书的出版时间却比卓南生的书早 30 多年。只可惜国内学界一直无人关注到这些珍贵的资料。

这是一部巨著，它的内容和资料数据都足以让人看清中国报刊在现代化进程中的每一个变化，作者力图通过严谨的语言和精确的数据还原史实。作为西方人的毛富刚拥有与国内新闻史研究者不同的视野，他对写作的毫无偏见，使他的著作客观、可信。

毛富刚的研究最具特色之处毫无疑问是他收集的精准数据和资料。本丛书第二、第三册分别相当于研究数据和研究资料的合集。例如，第二册《图表》共 178 页，收集了自中国报刊近代化以来的各地中文报刊的详细数据，作者在基础数据表之上还增加了各时期报业中心的转移图和报刊发行量的逐年变化表。这些他亲手收集的数据和资料使其研究真实、可信。

毛富刚对于中国近代报刊的研究，始终是由丰富的资料作为支撑和佐证的。对中文的精通、对时局变化的敏感和对中国政治社会的了解，使他能在政治时事变换的格局下分析报刊的发展走向。他不偏向于参与政治局势的任何一方，这使他在介绍政党机关报刊时始终保持中立、客观的态度，不会刻意隐瞒或者抹杀对任何一方不利的事实。

本丛书主编、德国著名汉学家鲍吾刚（Wolfgang Bauer，1930～1997）教授评价毛富刚：他所收集的中文报纸不仅能够用于研究中国政治和历史，他还将收集的庞大数据做成地理图表，使这三本书在视野上相互补充，相互依存。他参与了报刊现代化发展的进程，这本书不只是对中文报纸的内容罗列和总结，甚至可以当作毛富刚自传中的一部分。毛富刚的一生已经与中国报刊的发展史紧紧相连，希望笔者粗浅的介绍能使毛富刚对中国新闻史的研究引起国内学者关注，在中国得以传播，为中国新闻史研究做出贡献。

罗文达与毛富刚中国新闻史研究的特点比较

20 世纪 30 年代，德国的汉学研究刚刚起步，两位德国汉学家在中国旅居期间，用西方传播学的方法对中国新闻业做了一系列成果丰富的研究，并从独特的视角对中国的报刊发展进行了分析。

他们在研究中不片面、不孤立地看待报刊发展，从各个不同的角度联系报刊发展的社会环境，力图还原真实的历史图景。他们使用调查问卷的形式收集数据，并尝试从媒介生态的角度来研究社会环境与媒介生存的关系，揭示社会环境对媒介生存的影响，并从历史发展的角度揭示政治经济社会发展与新闻业发展之间的联系。

两位学者在写作过程中使用的文献资料，不少是建立在作者亲身调查和实践经验的基础之上，具有真实性和可信性，能够还原 20 世纪 30 年代中国新闻传播业的真实图景。同时，两位学者的研究成果作为新闻学研究的宝贵史料，能够为中国的新闻史研究领域提供新的信息与资料、新的视角和新的参照系统，有助于丰富国内对中国新闻事业史研究的模式，推动我国新闻事业史的研究成果走向世界。

一　研究背景对比

罗文达与毛富刚均为德国学者，出身于良好的家庭，并有专业的教育背景。20 世纪初期，对于汉学的研究已经在世界范围内兴盛，其中尤以美国为汉学研究重镇。相较而言，德国的汉学研究在欧洲起步时间晚，因此汉学家的研究模式不可避免地带有一些美国特色。

（一）《在华宗教报刊》产生的时代背景分析

罗文达教授对在华宗教报刊的专项调查始于 1936 年，写作时在华的宗教报刊已形成一定规模。当时即将举办梵蒂冈世界天主教报刊博览会，时任中华公教教育联合会秘书兼宠光新闻社（Agentia Lumen）社长的玛莉诺会会士迪茨相信，罗文达对在华天主教报刊的调查符合博览会赞助者的要求，因此对其热心支持，将自己为举办天主教报刊博览会而精心搜集的数据转交给了罗文达教授。罗文达教授的调查结果——《在华天主教报刊》首次发表于 1936 年 3 月，登于《中华公教教育联合会丛刊》第 9 卷第 3 期。其后他展开了对在华其他宗教报刊的系列调查，其中一些调查结果曾作为独立文章发表，研究结果也曾被燕京大学使用过。

发表了一系列调查文章后，编辑建议完成整项调查，天主教议会委员会也希望将调查结集成书出版。这些研究曾被考虑过用来分析宗教宣传的效果，但燕京大学的共同研究者看到了其在宗教领域之外的意义，即其在新闻业和公共事业领域的意义。罗文达在前言中也提到，该书对以下读者可以提供有效信息：神职人员、社会学家、记者、传道者、研究 20 世纪历史的历史学家和其他对中国有兴趣的人。该书的内容会帮他们厘清许多问题，同时能作为调查的原始资料。不仅如此，本书还指出了不同信仰人群的宗教生活的途径，交流了他们的思想，表达了联合同信仰人的愿望。

（二）《中国现代报业》产生的时代背景分析

毛富刚于 1932 年来到中国，经历了中国近代史上最为动荡的年代。经过五四运动和辛亥革命的洗礼，为了寻求强国之路，无数文人志士纷纷转向学习西方、美国和日本，试图将现代化的制度引入中国。1928 年东三省易帜，南京国民政府实现了中国的统一，与西方全面接触，向西方寻求现代化的方案。当时，内战暂息，中国正处于向现代国家的转型时期，社会氛围宽松，民智开放，百废待兴。先进的知识分子纷纷创办刊物，报刊成为政客的工具。

当时，新闻学研究得到了全面的开展，新闻教育事业也逐渐起步，对中国报刊史的研究也开始兴起。1927年由商务印书馆出版的戈公振所著的《中国报学史》奠定了中国新闻史研究的基础。

当时已经有比较著名的德国汉学家如傅吾康（Wolfgang Franke，1912～2007）等在中国活动，然而几乎没有汉学家对中国现代报刊史进行全面而系统的梳理。从这一点来说，毛富刚对中国现代新闻史研究的贡献是不可忽视的。

二　研究方法对比

中国的新闻学研究大多数是由新闻学者甚至记者完成的，由于职业习惯和思维方式的影响，传统的新闻学研究在思路上偏重于学理上的分析，在研究内容上主要是对一国报业或某一媒体演变或报人生平的历史性描述，受这些因素的影响，我国新闻学传统的研究方法主要有人文主义范式研究法、马克思主义研究法、思辨性研究法和"对策新闻学"研究法。而作为西方学者的罗文达和毛富刚，他们没有采用中国传统的新闻史研究方法，而是应用了在今天看来依然颇为先进的调查研究方法。

（一）罗文达的研究方法

罗文达进行中国新闻事业发展历史的研究，主要运用了历史分期研究法和实证调查研究法。

1. 历史分期研究法

本研究方法在前文中已有详细叙述，在此不再赘述。本节着重介绍罗文达对实证调查研究法的实际运用及其所取得的成果。

2. 实证调查研究法

科学结论的普遍性和客观性是实证性所推许的基本原则，认为知识一定要以观察和实验的经验事实为建立基础。透过经验观察的数据和实验研究的手段来展示一般结论，而且要求这种结论在同一前提下具有可证性。按照上述原则，实证性研究方法可以归纳为通过对研究对象大量的观察、实验和调查，获取客观材料，从个别到一般，从而概括出事物的本质属性和发展规律的一种研究方法。①

罗文达在研究中国的新闻学时，采用了西方传播学的调查研究方法，通过对各个地区和各个时期的实证调查获取数据，并将这些数据制作成详细的图表，进而根据这些数据进行分析研究。

罗文达的《中国宗教报刊》（*The Religious Periodical Press in China*）一书主要调查研究了三类宗教的出版物在中国的发行情况，这三类宗教分别是世界主要宗教——天主教（包括新教）、中国传统宗教（包括佛教、道教和儒教）以及世界上的少数派宗教（伊斯兰教、犹太教和俄罗斯的东正教）。

罗文达通过查找文献和实地调查，从宏观上以宗教为单位，整理了各个宗教报刊的发展历史、分布地域的情况，从微观上调查了每个宗教发行的多个期刊的名称、出版地、创刊期、发行量、语言和特征等具体数据和资料，并将这些数据进行统计制成表格，再对这些数据进行分析、解析，最后得出结论。

罗文达这种实证调查的研究方法可以获得最原始的数据资料，使他的研究结论建立在翔实的客观事实的基础上，真实可信，有很强的说服力。同时，通过这种方式取得的宝贵数据又可用于近代中国新闻学其他方面的研究，造福后人。

（二）毛富刚的研究方法

毛富刚的研究，最大的特点就是资料丰富、翔实，可信性突出，定量与定性方法相结合。

他在《中国现代报业》中采用的研究方法归纳出来有以下几种。

1. 个案研究法

与后来他的同行、海德堡大学汉学系的研究者们一样，毛富刚对清末民初具有商业代表性的最具影响力的报刊进行了个案研究。毛富刚依靠他与当时中国的特殊关系，收集了可靠、丰富的数据，对《申报》和《点石斋画报》进行了持续的跟踪和研究，包括其销量的变化、销量与时局的关

---

① 史长青：《调解原论》，博士学位论文，南京师范大学，2009。

系以及由此推断出的该报刊需要改革的方面。

同样，在剖析中国新闻事业的整体状态时，他也采取了个案研究法，选取《大公报》、《新疆日报》和《华侨日报》、《星洲日报》等分别作为国内和海外报业集团的代表，调查报业集团形成与发展的过程。此外，对大型党派的报业及民营报业的研究也采用同样方法。

2. 内容分析法

例如，1956 年，为了了解《人民日报》发布改变文风公告的实际效果，毛富刚采用内容分析方法，证明这场"整风运动"并未对报纸的可读性与信息丰富性产生影响。而在 1957 年，他则从"关键词"入手，较为系统地研究了《人民日报》在外交政策、共产主义理论、经济工作、文化生活四个方面的报道内容的比重及编辑部文章的宣传重心等。

此外，毛富刚还以定性分析的方法对代表性报刊和关系重大的新闻宣传法规、政策进行研究，这些既丰富了他的三卷本《中国现代报刊》的思想性，也为我们研究新中国成立前后报业的剧变提供了一个新的视角。

三 研究特点对比

作为受过西方高等教育的专业学者，他们自然有专业方面的严谨和务实态度。无论是宗教报刊还是中国现代报刊，数据采集都是一项信息量庞大的工作，在研究数据的使用上更是如此。在数据使用上，他们不采用来源不明、不可靠的数据，以免造成结果的不科学和不严谨。在书写结构上，两人均采用了以数据说话的方式，首先将各报刊的调查数据以图表呈现，再对各项图表详细说明，最后进行总结，得出观点，确保了结论的有效性、真实性。

（一）毛富刚的研究特点分析

毛富刚在中国渡过二十余年的时间，其研究中最有特色的地方毫无疑问是他收集的精准数据和资料。本套书第二、第三册分别相当于研究数据和研究资料的合集。例如，第二册《图表》共178页，收集了自中国报刊近代化以来的各地中文报刊的详细数据，作者在基础数据表之上还增加了各时期报业中心的转移图和报刊发行量的逐年变化表。这些他亲手收集的数据和资料使其研究更真实、更可信。

旅居中国期间，他同时了解了中国政治时局的发展，了解了中国的基本国情和社会组织，这对他从解释的角度分析报刊发展有很大帮助。解释性新闻研究强调新闻业发展与社会、政治的紧密联系，而这一点贯穿毛富刚研究的始终。

（二）罗文达研究的特点分析

罗文达研究的特点首先在于其严谨性。在数据采集时以天主教报刊发行的年度和频率为例。

"在 152 份刊物中，月刊 53 份，占总数的 35%。另外 29 份发刊频率更高，65 份频率低于月刊，5 份频率不明。其中季刊 18、周刊 15、半年刊 12、年刊 12。这些发刊频率高的效果似乎非常明显，因为事实上 29—39 年开始发行的刊物多为此类。"[①]

仅仅是对于发行年度和频率的调查，对数据要求就如此细致、严格。正是对于所有数据真实性的把握，才使他的结论具有高可信度。

在看待宗教报刊对于中国的影响这一问题上，罗文达的主要观点与现在的主流观点是不谋而合的。在《传教士中文报刊史》一书中，作者总结了传教士刊物的三大普遍影响：第一，一次广泛的西学知识的传播与推广活动；第二，对中国人具有深刻的启蒙作用；第三，推动了民族报业的产生与发展。[②]

从知识传播上看，他认为由于机器印刷比中国的活字印刷更经济有效，宗教报刊作为大众传播媒体，向大众传播了文化。而且许多宗教报刊经常刊登一些科普知识，这些科普知识对于日常生活是必不可少的。虽然由于中国文盲率高，这些报刊不得不采取免费发放的方式以提高传播率，但是宗教报刊对于现代文化在中国大众间传播的积极影响是必须肯定的。

---

① 罗文达：《在华宗教报刊》，中国天主教主教会议委员会出版，1940，第 12 页。
② 赵晓兰、吴潮：《传教士中文报刊史》，复旦大学出版社有限公司，2011，第 406~410 页。

在对中国人的启蒙方面，他认为，中国人需要、想要在宗教刊物中获取非宗教信息，这些信息能使人适应快速变化的社会，也会打破他们的思维局限。文化知识丰富的读者也更有可能接触宗教事务，最重要的是，旁人会被刊登其上的信息吸引，文盲也会被刺激。

学界普遍认为宗教报刊是中国近代报刊的起源，在这一方面罗文达曾评论，中文宗教报刊的历史性贡献就是向中国介绍了现代化的媒介——期刊和西式印刷技术。

他认为当时中国的社会情况非常有利于宗教报刊形成系统。一旦形成有利条件，整个报刊界一定会重组。但由于教育、传播和经济结构不同，中国的报刊不会永远重走西方路线。在中国，广告的使用程度不及欧美，广告收入低，加之传播工具数量有限，新闻传播管理又以政府为主导，政府工作量巨大，媒体自身的重组将会受到重视，以协助国家的重建工作。由此可以看出他对中国宗教报刊的分析是适合中国社会国情的。

四　研究视角对比

研究的视角主要包括三种：一是理论视角，它是从某个"学科"或"学派"的角度去研究事物；二是思维视角（或关系视角、分类视角），它是分类或关系判断的某种思维形式；三是批判视角，它是研究者对新观点或新材料、新方法（或新工具）的选择。三者之中，最常用的是理论视角，一般所谓的研究视角主要就是理论视角。最能显示客观性和普遍适用性的是思维视角（或关系视角、分类视角），但其往往不可避免地受到观察者本人既有的假设、理论、价值观、兴趣、目标、背景与政治取向等的影响。

（一）毛富刚研究视角分析

解释性研究是美国新闻史研究的一种典型视角，以"媒体与社会的情境"为重点，重视新闻事业发展变化的情境和原因，从当时的政治、经济以及社会变革的大情境中解释新闻事业的走向，强调媒体产生、发展和演进的原因。① 解释性新闻研究在爱默里的新闻史著作出版后轰动了美国新闻界，并对世界范围内的新闻史研究产生了普遍影响。

毛富刚对于报刊业与时局的深刻关系进行了反复论证，认为时局的变化深刻地影响着报刊的发展情况。他写道："1912 年民国建立后，地方武装力量和北京政府严格的审查使中国的报刊发展经历了一段动荡时期。这场动乱后，1916 年至约 1925（27）年，发生了许多有影响的文化、政治运动，这段时期是报纸和期刊在内容和风格领域的重要变革时期。1921 年北洋政府和广东政府两极分化走向明显，诞生了国民党和共产党。他们创办了完全现代化的为政治和意识形态服务的报刊，特别是使用白话文的刊物赢得了广泛的读者群，为权力向南京政府转移打下了深刻基础。"② 在这里，他初步探讨了媒介与政治的关系，揭示了媒介与生存环境的互动交往。

毛富刚从解释性研究的角度，将政治、经济、社会等影响媒介生存环境的因素融入媒介生存发展中，细致地探讨媒介对生存环境的适应过程。这样，他的研究便深入新闻媒体、事件与社会政治、经济、文化的更深的层面。但是这种方法基本停留在人文学科的背景下，与传播学的研究方法相比，缺乏理论支撑。

在研究日本侵华时期的报刊业转移问题时，他以时间为据点，以数据描绘战争对报刊业破坏性的打击，如报纸发行量一落千丈、报纸份额亏损、机器设备损坏等。战时新闻事业的特性是报纸向新据点迁移。报业的迁移首先是由国统区内的敌后方转入新的安全地点，经汉口往重庆。也有从广东迁往内地的。汉口、广东的报纸迁往西南地区的安全地点，或在敌后方移动，并形成新的"报都"。大量机器设备运往重庆。当地的报纸风格完全被来自北平、天津、上海、南京和汉口的报纸影响，并引发了报业的改革。③ 这就是他将社会、政治的因素纳入报纸生存发展的体现。

---

① 陈昌凤：《从哈德森到夏德森：美国新闻史研究的视角和方法谈》，载方汉奇主编《新闻春秋》，四川大学出版社，2003，第 188 页。

② 毛富刚：《中国现代报业》，弗兰茨·施泰纳出版社，1976，第 6 页。

③ 毛富刚：《中国现代报业》，弗兰茨·施泰纳出版社，1976，第 7 页。

（二） 罗文达研究视角分析

不少当代新闻史研究学者认为，要抵制孤立静止的新闻史观，要开阔研究视野，将新闻史研究与社会史和人类史联系到一起。例如，李彬教授指出，社会史的范式即将新闻传播作为社会运动的一种有机环节，既关注新闻本体的内在联系，又探索新闻与社会的外在关联，如政治、文化思想、社会民生、风俗习惯、时代心理等。[①]

在《媒介生存：关于新闻史研究本体的思考》中，阳海洪指出新闻媒介是新闻史的主体，媒介生存是新闻史的前提。研究新闻史，首先要考察媒介生存，媒介生存的观点就是把"媒介—环境"作为自己思考观照的中心，要把在场的历史与不在场的历史联系起来。[②]

基于此，罗文达的新闻史观是比较先进的。他在分析报刊发展时均从符合媒介生存、符合历史发展的角度出发。例如，罗文达在分析任何一个教派的报刊时，必须先考量影响报刊生存的各个因素，如宗教的发展、信徒人数、宗教报刊的历史发展、报刊的内容、出刊频率、中国的公共传播环境、受众的文化水平、技术层面的阻碍等，这些都对报刊的传播范围和发行量产生直接的影响，并决定着报刊长远的发行制度和发行观念。他在结论中思考如何使该教派的宗教报刊更加适应时局发展的变化，探求适合其生存发展的环境。

（三） 二者研究视角的特色与不足

罗文达与毛富刚在研究中均以历史发展的角度来对待报刊史，从报刊发展的角度探讨了报刊的发展趋势与变化及报刊业的重组，并结合政治国情，将报刊发展置于长远眼界，不局限于其当前发展，而是按历史发展的线索来研究新闻事业的发展；从社会、政治、经济情境中解释新闻事业的发展，强调媒体与社会的互动关系。

解释性新闻史重视新闻事业发展变化的情境和原因，从当时的政治、

---

① 李彬：《"新新闻史"：关于新闻史研究的一点设想》，《新闻大学》2007 年第 1 期。
② 阳海洪：《媒介生存：关于新闻史研究本体的思考》，《当代传播》2008 年第 2 期。

经济以及社会变革的大情境中解释新闻事业的走向，强调媒体产生、发展和演进的原因，强调个体，即所谓伟大人物（如发行人）对新闻事业的影响。这与毛富刚在写作上的特点吻合，即强调社会因素对于新闻事业的影响，但对于新闻业对社会各方面的传播效果则研究得较少。崔萍在《新闻史研究思路和方法讨论述评》中表示，新闻史的研究可以向三方面横向发展，研究三个层面，即系统内不同媒介之间、媒介系统与社会系统及新闻系统跨地域的互动。① 从这一点来看，毛富刚的研究不够深入，这也是他研究的一个局限。

而罗文达则更偏向于媒介传播效果的研究。他对于影响传播效果的各个因素都做出了系统条理的分析，但遗憾的是他在写作时仅仅使用数据支撑，既没有深入研究这些因素带来了哪些传播效果上的利弊，也没有深入分析各因素之间是如何相互制约的。当然，不仅是在他所处的时代背景下，即使是在有大数据作为技术支撑的当代，想要做出工作量庞大的分析也是不易的，这是时代的局限。

罗文达与毛富刚的学术生涯与中国报刊的发展史紧紧相连，他们积极地对中国报刊业展开调查，并积攒了宝贵且丰富的史料。他们在研究中不片面、不孤立地看待报刊发展，从各个不同的角度联系报刊发展的社会环境，力图还原真实的历史图景。希望本文能使其对中国新闻史的研究在中国新闻史学界得到重视和关注，希望他们严谨细致的专业研究精神得以发扬光大。

---

① 崔萍：《新闻史研究思路和方法讨论述评》，《武汉大学学报》（人文科学版）2009 年第 2 期。

第二部分

当代汉学家的中国新闻史研究评析

海德堡大学汉学系中国新闻史研究的时代背景及理论渊源

一　研究者与时代背景分析

1962 年，海德堡大学创建汉学系，为东方与古代文化学院的下属机构，首任教授兼所长为鲍吾刚（Wolfgang Bauer，1930 ~ 1997），1987 年，瓦格纳（Rudolf G. Wagner）成为第三任所长。瓦格纳继任后，海德堡汉学研究所逐步展现出两个强项：一是图书馆建设，二是汉语教学。在任期间，瓦格纳主持了一个名为"中国公共领域的结构与发展"的研究小组，深入研究关于中国新闻发展史与近代社会政治之间的关系，成果斐然。但是，到目前为止，对德国这一系列相关研究成果的关注少之又少，更谈不上系统和深入。通过知网搜索，发现目前仅有周婷婷等发表的对海德堡大学汉学系早期中文报刊研究概况的介绍性论文。

研究小组最主要、系统的三个项目分别是梅嘉乐的教授资格论文和燕安黛、费南山两人的博士论文，都已成书出版，梅嘉乐的书是英文版，燕、费两人的是德文版。德国海德堡大学"中国公共领域的结构与发展"小组将中国晚清时期的报刊作为切入点，从全球化的角度来考察和分析中国新闻事业的发展、地位和困境，分析经济全球化给中国新闻事业带来的全面而深刻的影响，从经济、政治、社会情境的多维视角来解读中国新闻传播事业。海德堡大学汉学系自 1962 年起经历创建、萌芽与发展三个时期，其中以系为单位出现的中国新闻史研究成果颇具代表性，这一系列研究成果集中出现在瓦格纳教授任职期间。下文将梳理海德堡大学发展历程、教授治学传统，分析该校汉学系研究的时代背景和深层次原因。

（一）海德堡大学与瓦格纳教授

始建于 1386 年的海德堡大学是德国最古老的大学，其汉学系创立于 1962 年，起初为东方与古代文化学院的下属机构，目前隶属于海德堡大学哲学院。第一任教授为德国著名汉学家鲍吾刚，1962～1966 年任职于海德堡大学汉学系，他一生之中有 16 部学术著作和 69 篇论文，在学术界颇具影响的著作有《中国人的命名》《中国人的幸福观》《中国人的自我画像》等。第二任教授 G. 德博（Günther Debon）以研究古典诗词和翻译《老子》而闻名，于 1968 年开始担任自由教师，后担任系主任，直到 1986 年退休。1987年，鲁道夫·G. 瓦格纳继任所长，海德堡大学开始扩建汉学系。自此，德国海德堡大学汉学研究所得以发展，这与瓦格纳不无关系，因为该校"与大多数欧洲大学一样，是教授治校，教授治所。教授的学术地位、教授的风格、教授的能力，对研究所的实力、风格、声望大有影响"[1]。

瓦格纳 1941 年出生于德国中西部城市威斯巴登，以《慧远向鸠摩罗什提出的问题》（*Die Fragen Shih Hui - Yuan's an Kumarajiva*）一书获得慕尼黑大学博士学位，并著有专著《宗教在太平天国起义中的作用》（*Reenacting the Heavenly Vision：The Role of Religion in the Taiping Rebellion*）、《王弼〈老子注〉研究》（*On Wang Bi's Commentary of Lao Zi*）等。

1989 年，瓦格纳与上海社会科学院建立了合作研究关系，1996 年，他被任命为科学院的特约研究员。1992 年，他获得代表德国最高学术研究奖的莱布尼茨大奖，成为首位获得该奖的汉学家。从 1993 年开始，瓦格纳开始将上海纳入他的研究视野，而且他是从公共空间的角度切入上海研究，陆续发表论文《中国公共空间的运作：太平军的神学和宣传技术》、《外国社团在中国的公共空间中的作用》、《危机中的〈申报〉：国际背景下的郭嵩焘与〈申报〉之争》、《道德中心和转变的推进器：中国两个城市的历史》、《中国早期的报纸和它的公共空间》、《进入全球想象图景：上海的〈点石斋

---

[1] 熊月之：《海德堡大学汉学研究所》，《近代中国》1999 年第 00 期。

画报〉》、《申报馆早期的书籍出版》和《公共场所和舆论》。他对申报馆书籍出版、《点石斋画报》等的研究视角独特,视野开阔,将中国的新闻事业发展置于全球化背景下进行深入研究。正因为这一系列丰厚的学术成果,瓦格纳成为德国乃至欧洲最具影响力的上海研究专家之一。

(二)"中国公共领域的结构与发展"小组及其研究成果

20世纪90年代,在汉学系主任瓦格纳教授的主持下,海德堡大学汉学系组织起一个名为"中国公共领域的结构与发展"的研究小组,成员包括他的同事或学生,如梅嘉乐、燕安黛、费南山、叶凯蒂等人。他们对《申报》等早期中文报刊详加考察,如英文版的《一份中国的报纸:上海新闻媒体的力量、认同和变化(1872—1912)》,作者为梅嘉乐;以德文出版的有燕安黛的《只是空言:晚清中国的政治话语和上海报刊》《为革命话语提供基础:从经世文编到定期刊物(在十九世纪的中国)》《现代化都市的文人和知识分子的社会责任——试论〈申报〉主编上海黄协埙》,费南山的专著《中国新闻事业的起源(1860—1911)》《联合对划一:梁启超和中国"新新闻业"的发明》《读者、出版者和官员对公共声音的竞争与晚清现代新闻界的兴起(1860—1880)》。

正是基于该研究组的组建及其丰硕的研究成果,至2005年哈佛大学费正清中国研究中心举办"日常媒体研究:作为研究对象和资料来源的民国报纸,1911—1949"研讨会时,德国海德堡大学汉学系对《申报》等早期中文报刊的研究才逐渐引起注意。

二 海德堡大学汉学系系列研究的理论渊源

受尤尔根·哈贝马斯(Jürgen Habermas,1929~)《公共领域的结构转型》一书的影响,欧美各国学者的专题性著作和论文层出不穷,公共领域与传播媒介的关系受到高度重视。海德堡学系的系列研究也受其深刻影响。

（一）哈贝马斯与《公共领域的结构转型》

哈贝马斯，1929 年生于德国的杜塞尔多夫，曾先后就读于哥廷根大学、苏黎世大学，1954 年进入波恩大学并获得哲学博士学位。1955 年前往法兰克福大学并成为法兰克福学派的一员，"与其他法兰克福批判学派学者不同之处在于，他肯定了启蒙运动关于民主公共生活的理念，并将自由资本主义模式看成是改革现当代资本主义社会的理性模式"①。

1962 年，哈贝马斯出版《公共领域的结构转型》，以"资产阶级公共领域"为对象，研究公共领域的社会结构及结构转型、政治功能及政治功能的转型。哈贝马斯在该书出版两年后，再刊一篇名为《公共领域》的文章，对"公共领域"的概念做了进一步阐释："所谓'公共领域'，我们首先意指我们的社会生活的一个领域，在这个领域中，像公共意见这样的事物能够形成。公共领域原则上向所有公民开放。公共领域的一部分由各种对话构成，在这些对话中，作为私人的人们来到一起，形成了公众。……当他们在非强制的情况下处理普遍利益问题时，公民们作为一个群体来行动；因此，这种行动具有这样的保障，即他们可以自由地集合和组合，可以自由地表达和公开他们的意见。当这个公众达到较大规模时，这种交往需要一定的传播和影响的手段；今天，报纸和期刊、广播和电视就是这种公共领域的媒介。当公共讨论涉及与国家活动相关的问题时，我们称之为政治的公共领域（以之区别于例如文学的公共领域）。"②

后来，哈贝马斯又进一步提出，公共领域有代表型公共领域、资产阶级公共领域、平民公共领域、公共领域的自由主义模式、福利国家大众民主模式以及文学公共领域、政治公共领域等。

（二）海德堡大学系列研究与公共领域理论

纵观海德堡大学系列研究，其深受哈贝马斯公共领域理论的影响，并突破原理论的界线，探究资本主义世界外的发展情况。

---

① 展江：《哈贝马斯的"公共领域"理论与传媒》，《中国青年政治学院学报》2002 年第 2 期。

② 参见汪晖、陈燕谷主编《文化与公共性》，生活·读书·新知三联书店，1998，第 125 页。

　　综合上述界定与哈贝马斯的《公共领域的结构转型》一书可以了解，哈贝马斯本人所认为的"公共领域"由三大要素——公众、公众舆论、公众媒介构成。至1989年，美国麻省理工学院出版社出版英文版的《公共领域的结构转型》一书，并相继引发了英语国家对"公共领域"概念的广泛讨论，并且对与之相关的公共舆论与传媒的角色问题兴趣持续渐长，从此成为西方社会主流话语的一部分。

　　海德堡大学学者则将社会公共领域的构建与中国晚清时期报刊的发展相结合，在探究晚清公共领域构建时，也将分析重点立足于"公共领域"的三大构成要素，即公众、公众舆论和公众媒介。例如，燕安黛在分析《申报》在晚清参与构建公共领域的进程时，注意到公众被激发且参与进报刊讨论之中，注意到报刊文体即"论说"[①]的发展形式，并分析媒介如何介入公共空间，成为人民发表个人意见的场所。

　　可见，海德堡大学汉学系"中国公共领域的结构与发展"研究小组系列成果的理论来源于哈贝马斯的公共领域理论，分析层次也深受其影响。

---

　　① "论说"被燕安黛视为晚清中国公众舆论的主要形式。

瓦格纳：在《点石斋画报》里发现中国进入全球化的图景

——兼与白瑞华的《中国近代报刊史》的比较

本文梳理的是以白瑞华（Roswell Sessoms Britton，1897～1951）和瓦格纳（Rudolf G. Wagner，1941～2019）为代表的 20 世纪西方学者研究中国新闻史的资料，试图通过对具体资料文献的阅读形成对比研究，探究德国学者和美国学者中国新闻史研究的特点。

早期来华办报的传教士开了外国人对中国新闻史研究的先河。《中国丛报》是由美国传教士裨治文创办的一份英文刊物，其中刊登的如马礼逊的《京报分析》、业禄克的《京报》和梅尔斯的《京报》等不少评价《京报》的文字，是中国新闻最初与美国学者的相遇。20 世纪 20 年代，"比较新闻学"在美国兴起，其中一个关注点即中西新闻业比较，掀起了中国新闻史研究的浪潮。

1922 年，时任密苏里大学新闻学助理教授的帕特森在《密苏里学报》上刊登了一篇题为《中国的新闻业》的研究报告，将中国新闻业置于社会、经济、政治背景中进行观察。① 学者聂士芬与罗文达合撰的论文《中国报业的责任因素》不再简单地以西方视角和标准来研究中国报业，而是将中国报业的发展放回到中国社会中进行综合分析。著名美国汉学家白瑞华的著作《中国近代报刊史》选取 1800 年至 1912 年的报刊，结合当时复杂的历史，对中国急剧变革的百余年的新闻发展史进行研究。作为美国现当代最负盛名的汉学家，费正清凭借其对中国文化的熟悉程度和掌握程度，在半

---

① 单波：《中西新闻比较与认知中国新闻业的文化心态》，《学术研究》2015 年第 1 期。

个多世纪里以其独特的视角审视、考察中国，他对中国的研究成果不只能够左右美国人对中国的认识，甚至可以帮助中国人从一个新的角度去了解自己。

鉴于美国和以德国为代表的欧洲国家在世界新闻发展史上的突出地位，以这两个国家为代表，分别选取它们的代表性学者进行个案分析。

本文主要以白瑞华和瓦格纳为例，通过对文本的深入阅读进行个案研究，探究美国和德国的两位学者在中国新闻史研究过程中所体现出来的特点，包括介绍两位学者中国新闻史研究领域的成果，在其研究过程中体现出的研究特点，这样的研究特点与当时的社会背景及其个人身份的关联，西方学者对中国新闻史的研究特点对现当代中国新闻史的研究发展的启发和影响等，尤其要分析两国学者在研究视角、方法上的异同。

由于文献获取存在的局限性，在具体写作过程中，虽然尽可能地了解了相关文献信息，但依旧在文章的整体性和分析的深入性方面有所欠缺。

一　白瑞华中国新闻史研究的特点分析

第二次世界大战后，随着冷战格局的形成，以及中国在世界政治结构中的地位日显重要，有关中国的研究日益深入，美国汉学迅速崛起。与欧洲比，美国汉学研究更重视一种实用性，从某种意义上说，它遵循的也是哲学家杜威的实用主义，即很少进行脱离实际的形而上学的研究，而是从历史事实出发，严格地遵循历史材料，研究中国的历史问题和社会问题，其更加重视中国在社会主义发展过程中普遍存在的历史问题。借用中国一句古语，美国的汉学研究具有某种"经世致用"性。

（一）白瑞华生平及其研究成果简介

1. 白瑞华生平

美国学者白瑞华是著名的汉学家和中国现代新闻教育的创始人之一，他对中国文化和中国新闻发展有系统的研究和独特的认知。1924 年，中国第一个新闻系——燕京大学新闻系在密苏里新闻学院的积极支持下正式创办，作为该学院首任系主任的白瑞华对我国新闻学教育具有奠基性的贡献。他不只是著名的汉学家，更有对早期中国新闻业发展的了解和实地体验。其主要著述有《中国近代报刊史》（*The Chinese Periodical Press*，1800－1912）（1933 年）、《金璋所藏甲骨卜辞》（*The Hopkins Collection of Transcribed Oracle Bone*）（1939 年）等。

早在 20 世纪 30 年代，白瑞华就为"两脚踏中西文化，一心评宇宙文章"的文化大师林语堂所推崇，林语堂认为白瑞华的这部出版于 1933 年的著作《中国近代报刊史》的贡献尤为突出，与戈公振的《中国报学史》在中国新闻史上具有同样重要的地位。而且，他也和戈氏一样疾病缠身，中途陨落，但他们对待新闻的专业主义精神和他们的新闻史研究著作将对新闻界影响深远。

2. 白瑞华研究成果简介

林语堂的英文论著《中国新闻舆论史》曾这样记述白瑞华和戈公振对中国新闻事业所做出的有关贡献："研究现代中国新闻事业，有两位水平很高的开拓者，这便是戈公振与白瑞华。"白瑞华有志于搜集、整理、勘校甲骨文，1937 年在《哈佛亚洲学刊》上发表甲骨文研究论文；1966 年勘校的《甲骨卜辞三种（外题）即方法敛摹甲骨卜辞三种》由台北艺文印书馆影印出版，已成为甲骨文研究珍贵的参考资料。作为一个美国学者，白瑞华对中国史料的熟稔程度和驾驭能力甚至是很多汉学家难以企及的，他不仅对甲骨文颇有研究，而且精通汉学典籍，他搜集并合理利用史料，这些都是他研究中国新闻业发展、撰写中国新闻史学的前提条件，为撰写《中国近代报刊史》打下史论结合的坚实基础。[①] 与此同时，该作品大量借鉴了戈公振所收集的罕见原始资料，包括很多早期报刊的图版和重要文献的复制品。白瑞华借鉴戈著，在拥有第一手资料的基础上展开自己的研究，出于对事实的尊重，他肯定并补充了戈著，尤其是戈氏关于传教士来华办报活动的研究，白瑞华在戈氏的基础上又收集了保存于外国博物馆的早期报刊图片24 幅。

---

① 叶文芳、丁一：《中西比较新闻学的开山大师——白瑞华和他的〈中国报刊，1800—1912〉》，《科技与出版》2013 年第 12 期。

《中国近代报刊史》集中体现了白瑞华多年来在对中国新闻事业研究的基础上总结出的近现代中国新闻事业的发展规律以及他的新闻思想，是关于现代新闻事业开始而本土报纸消亡时期以中国报业为代表的中国新闻业的发展概览。1931 年，白瑞华用英文撰写完成 "*The Chinese Periodical Press, 1800 - 1912*"，并于 1933 年出版，1966 年由台北成文出版社再版。在撰写过程中，白瑞华充分利用戈公振《中国报学史》中的历史知识，还根据很多早期报刊研究的第一手资料展开自己的研究。由于他对于这些材料的热情和投入，他扩展并考证了戈公振的相关研究，尤其是关于传教士的活动。

《中国近代报刊史》选取清后期至民国初期百余年的中国新闻发展历史，记述自 19 世纪起在传教士带来的新思想和新报刊的影响下，中国本土报刊如何消亡，新型报刊又是如何兴起、演变的过程。阅读这部独特的中国新闻断代史，犹如重走了一遍那段特殊的时期，通过一个西方学者的视角和笔触，这段被湮灭的历史被重新审视和定义，一些从前被掩盖或被忽视的新闻发展规律被进一步发现和领悟。这正是《中国近代报刊史》所昭示的更重要的意义。

（二）白瑞华的代表成果——《中国近代报刊史》分析

1. 《中国近代报刊史》研究对象所处时代背景

白瑞华的著作《中国近代报刊史》所研究的内容跨度起于 1800 年，止于宣统皇帝以清廷的名义颁布退位诏书的 1912 年，这一个多世纪，刚好是大清帝国逐渐走向衰落腐败的时期，民风腐化堕落，思想闭塞排外。

18 世纪末 19 世纪初，中国的现代新闻业基本还未起步，《京报》和新闻纸的小范围流通在一定程度上意味着对新闻报道工作的需要，但还不足以形成一个有规模的新闻业。1844 年之前，马礼逊、米怜和麦都思等传教士在马六甲、澳门和广州等地创办了中国近代第一批中外文报刊，但第一批传教士报刊发行量很少，基本没有引起中国人的注意，读者几乎都集中在外国人聚居的社区。随着中国通商口岸的打开，中英文商业报刊首先在香港和上海创办，在华外报中心由澳门和广州转向香港和上海，而传教士报刊在经历了长达十五年的沉寂之后也进行了战略转移。

这一百多年，中国社会在政治和文化上都发生了翻天覆地的变化，由此，中国报刊史也发生了一系列的变化。清代是如此矛盾，它开放又守旧，昌盛又落后；清代又是如此复杂，它新旧文化交替，中国历史由此开始断层式发展，鸦片战争前的传统文化巅峰被外来文化冲散，转而形成中国近代社会与文化的滥觞。正因为如此，整个 19 世纪的中国历史吸引了众多学者的关注，围绕着清朝的文化政策、大清帝国的衰退和新中国在斗争中的崛起、清末中国公共领域建设和文化变革等问题的争论，喧嚣热闹，几未休止。新的研究者人才辈出，新的视角、观点和理论争妍斗艳，以至在美国，几乎所有重要的中国学研究范式的更替和理论创新，也都首先出现于清代研究中。

2.《中国近代报刊史》研究成果所处时代背景

该书于 1933 年出版。20 世纪以来，世界汉学研究的主要阵地是美国、欧洲和以日本为中心的东亚。虽然都言之以汉学研究，但上述三个地区与国家的汉学研究却各有不同。因为美国和中国的复杂关系，加之中国历史文化在美国的传播与发展，美国的汉学研究在世界范围内独领风骚，美国成为海外汉学研究重镇。

当时的中国新闻史研究处于初步成长阶段，文化研究取得一定发展，新闻史研究也随之进入了"兴盛"阶段。

当时，自觉的新闻史研究氛围已经逐步形成，自第一本含有新闻史内容的著作《实用新闻学》出版以来，国内外学者对中国新闻史的研究成果及著作连续不断地问世，新闻史研究呈现开放态势，进入了"兴盛"阶段。研究成果中不同思想、观念、体系、派别及表述方式共存。既有旧式文人的著作，也有新式知识分子的成果；既有研究中国新闻史的专著，也有研究外国新闻史的著作；不仅有用汉语写的中国新闻史著作，还出现了用英文写的中国新闻史著作。然而，除了戈公振的《中国报学史》，中国新闻史研究一直处于徘徊状态，虽有不少论述、专著，但少有戈氏般的力度与广度。《中国近代报刊史》恰好形成于这一复杂的起步阶段，并造成了无可比拟的影响。1924 年 9 月，白瑞华抵达燕京大学，与司徒雷登、聂士芬共同努力，在燕大旧址盔甲厂成立了新闻系。新闻系开设后，受到了燕大学生的欢迎，虽然白瑞华于 1926 年 10 月因病回国，但其在中国从事新闻学教育期间，有足够的时间和机会亲身了解 20 世纪初的中国新闻业发展状况，为该书的出版奠定了坚实的基础。

3.《中国近代报刊史》研究对象的选取

白瑞华在《中国近代报刊史》一书中牢牢地结合本学科的特性，不同于早期中国国内新闻史研究使中国新闻史完全依附于中国政治史、思想史的创作特点，保持新闻史本体意识，以报纸各要素论新闻，结合历史现实揭示深层内涵，而非传统的中国史研究以史代替新闻史。该书书名为"*The Chinese Periodical Press*，*1800 – 1912*"，其中，"periodical"解释为"周期的，定期的"，"press"常可理解为"新闻"。通读全书可以发现，标题中的"press"即早期的刊物。文中交替使用"papers"、"magazines"以及"press"等词来描述刊物，根据上下文以及2013年中央编译出版社出版的《中国近代报刊史》可以发现，白瑞华在该书中的主要研究对象是定期出版的报纸，包括日刊、周刊、月刊以及季刊等，同时也有"汇编"的杂志以及画报，这些被统称为"press"，即当时白瑞华所言的中国新闻事业。这里的定期出版的报纸与现代意义上的报纸并不完全一致，但这也正是中国新闻业发展的真实面貌。正是在这样的外延和定义不断明晰的过程中，中国新型报纸和新闻业在不断地完善发展。在行文过程中总体按时间顺序，结合社会政治背景展开介绍，在进行对比研究时亦有所穿插和重复。

根据李良荣教授的《新闻学概论》一书可以得知，传统中国新闻学可分为新闻理论、新闻业务和新闻史三个部分。而从国外新闻传播业研究来看，美国学者H·拉斯维尔提出的"五W模式"分别包含了传播者、传播内容、传播渠道、传播对象和传播效果五个角度。结合以上两种分类方式，可以发现白瑞华在《中国近代报刊史》这本书里所指的"press"包含新闻学和传播学，既包括一般层面上的新闻传播理论、新闻业务和新闻史三个方面，也包含广告、发型、传播影响力等其他具体学科和要素。从报刊的发起及其原因、报刊运作及其定位到报刊的运行和版面特点等，提到了"印刷设备"、"刊物数量"、"写作风格"、"报刊定位"以及"报刊对象"等关键字，从刊物内容、刊物目的、版面特征、文字风格、稿件来源、发行时间和发行量等多个角度全方位描述一份报刊的发展状况。其中提到了广告地位的从无到有、不同时期刊物的宣传性和利益性之间的转换、写作风格随着社会文化（包括办报人和读报人）和对新闻的接受程度的变化等。

各要素的变化从一定程度上反映出社会各领域的发展和变化。

从中国新闻发展的历程来看，清政府对西方文化引入的态度以及当时社会发展所造成的具有时代特色的报刊的起步与发展，确实是当时中国新闻史中值得研究的内容。该书30万余字，分为三大部分，分别是前言、主体和参考文献。其中主体部分有十一章，以一条主线、两条辅线展开论述。一条主线是贯穿整本书的时间线，从1800年到1912年，整体介绍清后期至民国初期这百余年间中国新闻发展的历史，严格按照时间顺序来逐一介绍各报刊的发展，并有选择地重点介绍部分影响较大的刊物。同时辅之以人物线，通过王韬、梁启超等改良派人物的介绍，揭示了中国新闻业如何在社会浪潮的推动中不断发展。而另一条辅线具有明显的地域性，重点介绍以《申报》为主的上海新型报刊的发展，辅之以中国其他地区的报刊发展的介绍，以取得全局性的画面。

全文共提到了约200份报刊，其中大多数为私营报刊，只有《京报》是作为官报贯穿全书的，另外也提到极少数20世纪开篇在官报意识推广普及以后出现的《北洋官报》和《湖北官报》等典型官报。从办报者身份来看，几乎整个19世纪，中国的报刊业都是由各国传教士起主导作用。①白瑞华在书中提到了《察世俗每月统记传》《东西洋考每月统记传》《中国博物志》《台南府城教会报》等成功或失败的刊物，通过对这约200份报纸各要素的情况介绍，以窥视当时中国新闻业的发展情况，可以看到新兴的中国报刊从完全依赖于官方到逐渐独立于旧报刊的过程，可以看到不同的报刊代表着不同政治体系、党派组织或私营企业的心声，一部中国新闻的发展史构成了一个反映百余年特殊历史时期的中国社会现实的各种错综复杂、诡谲叵测的多面体架构。

4.《中国近代报刊史》研究方法的运用

正如前文所述，研究方法包括实证主义和人文主义两种不同的研究范式，其中在实证过程中以定性和定量研究两种方法展开资料搜集和整理研究。通读白瑞华的《中国近代报刊史》可以发现，其以定性研究为主，"书

---

① R. S. Britton., *The Chinese Periodical Press*, *1800 - 1912*（Taipei: Cheng - Wen Publishing Company, *1966*），p. *34*.

中采用的描述性数据几乎都是以原始资料为依据"①。

担任燕京大学首任新闻系主任的经历为白瑞华提供了充足的时间和机会与被研究者互动，解读他们的行为并加深自身对整个中国社会的认识，这种结合了自身的学科背景和对当时中国社会现象的认识和理解而形成的著作是有其独特的观点的。在前言中，白瑞华本人提到"要感谢给我提供帮助的许多人士"②，包括中国新闻史"第一座高山"的作者戈公振、海军上将蔡廷锴、荷兰莱顿汉学院的戴文达等各国各领域的友人。与此同时，他有机会检查著作中提到的报刊样本，得到了北京档案馆、北平图书馆、大英博物馆以及中国驻华盛顿公使馆等多地多个机构的协助，充分体现了观察法进行实地观察研究的优势。

美国传统的新闻史研究方法有描述性研究和解释性研究两种，这是两类使用资料做新闻史研究的方法。

5. 描述性研究为主，以时间为线索展开叙述

描述性新闻史研究基本上是以印刷媒体为中心，早期的美国新闻史研究所用的这种描述性方法视角广阔、资料详细、方法直接，以时间为线索，纲目清楚，长期以来备受青睐。

作为一名优秀的美国学者，白瑞华在一定程度上受美国传统学术方式影响，因此该书总体上是以描述性研究为主，以时间为线索展开叙述。将媒体和社会结合在一起进行探究，强调媒介操作、使用、效果和社会情境，描述性新闻史研究还包括广告、实务历史等分支的研究。该书从19世纪之初不定期出版但具有一定报刊特征的《嘉定报》、新闻传单和定期发表并具有较高新闻价值的公报《京报》为例引入，分析其内容有意迎合、风格简单、编辑记者不专业、没有广告和补贴等特点，指出所有这些都是由制作和阅读报刊的社会品质决定的。随着中西方文明的不断碰撞与冲突，中国社会的外部冲突剧增，内部动荡，矛盾加剧，传教士和来自欧美的贸易商在其中发挥着无可替代的作用。1815年8月，天主教传教士马礼逊和米怜创办的《察世俗每月统记传》成为第一份中文月刊，他们打开了西方从文

① 〔美〕白瑞华：《中国近代报刊史》，苏世军译，中央编译出版社，2013，前言。
② 〔美〕白瑞华：《中国近代报刊史》，苏世军译，中央编译出版社，2013，前言。

化上渗透性地接触中国的大门，也无意间在中国社会不断输入新思想和西方的科学思想。到了19世纪30年代，由于贸易和传教的东进而出现了英文和葡萄牙文期刊，在香港被割让给英国之后迅速成为中国南方的主要港口的过程中，澳门的港口和报社开始衰败，1845年英国出版商肖瑞德在香港创办《德臣报》。1857年美国出版商茹达和英国出版商莫罗创办《孖剌报》，标志着外报进入中国和中国近代报刊的真正开端；以《中国博物志》为代表的西方报刊逐渐使中国土地上的早期刊物走上正轨，"提供最可靠的、最有价值的有关中国及其邻国的信息"①的宗旨为揭示一个封闭的帝国付出艰辛努力，对于在彻底转型时期的前夜从根本上认识古老的帝国具有特别重要的价值。1838年后的十五年中，由于清政府的禁令，传教士没有出版过中文报刊。直到1853年，英国传教士理雅各在香港创办《遐迩贯珍》②，这是最早的中文报刊。洪仁玕、林则徐、魏源等人对外国报刊的重视，推动了新兴的新闻学在中国的发展，传教士办的杂志所宣传的期刊专业化的理念，为中国新型期刊提供了可效仿的样板，外文报纸不但为中国新型报纸提供了样板，还提供了新闻渠道。从19世纪60年代至1895年，上海取代广州成为外报本土化和中国报刊的出版重镇，以《申报》为代表的上海办报模式对国人自主办报发挥着示范作用，在中国新型报刊发展过程中起着引领作用。随着思想的不断开放，改良运动前夕，十多家报纸在主要港口城市不断出版，日报——大众报刊的基础已经建立起来，现代中国报刊的初始时期告一段落。这种报纸主要为港口的贸易商人服务，一改最早以宣传为目的的新闻纸，转而以营利为目的，与后期目的鲜明的改革和激烈的革命刊物亦形成鲜明对比。报纸不断渗透到全国各地，使人们保持进步以及对外部的新鲜感，呼唤、促进变革。报纸业主从单一的传教士转向中外资本家以及少数中国官员，总体趋向多元化。报纸员工、编辑社会地位不高，王韬等个别影响显著的除外。报刊内容鲜有原始新闻材料，很大一方面是延续旧报的一字不差的皇帝赦令和文件以及省政府通告和新

---

① 〔美〕白瑞华：《中国近代报刊史》，苏世军译，中央编译出版社，2013，第45页。
② 此处有不同说法。白瑞华书中说《遐迩贯珍》由麦都思创办，由马礼逊教育会出资，理雅各是该书会的书记。载〔美〕白瑞华《中国近代报刊史》，苏世军译，中央编译出版社，2013，第52页。

闻，另一方面是纯文学类的每日社论，具有八股性质，是很典型的中国社会产物，来稿也同样辞藻华丽，空无实物。

广告已经成为赖以生存的盈利手段，整体新闻风格具有文风朴实但措辞和观点新颖的特征。

在印刷设备上几乎毫无例外地使用外国设备。电报等西方新技术的出现推动着新兴报业的发展，使中国新闻不断发生变革。

随着清政府的不断腐化堕落，社会革新思想日趋兴盛，独立报刊与20世纪头十年的新气象和新观念相互促进，共同发展，革命报刊飞速前进。新报无论在规模上还是在种类上都史无前例地超过了旧报，两者间的反差就是革命中的中国和旧中国的反差。

这种新闻史的研究方法基于较为翔实的历史资料，从一个比较广阔的视角对新闻史进行较为直接的介绍。主要特征是以时间为线索，条理清晰，结构明确。但容易出现研究过于平面化的问题，研究的深度不够。

6. 解释性研究为辅，结合当时社会各要素展开研究

除了时间主线外，白瑞华在辅线推进过程中运用了解释性研究。这种研究方法重在通过当时政治、经济以及社会变革的情境变化来解释事物发展的原因和规律。白瑞华在《中国近代报刊史》一书中通过第四章"王韬与香港报纸"以及第八章"梁启超与改良报刊"等个体人物的介绍强调媒体发展变革的过程中伟大人物（如发行人）对新闻事业的重要意义。王韬使普通新闻逐渐摆脱深奥晦涩、矫揉造作的弊病，将之推向更广阔的知识界，他大胆痛斥官员弊病，为朝廷提出改革建议，以超前的领先意识首先宣扬一种激进的改革思想。1898～1911年，梁启超的杂志是中国思想产生过程中所有人文力量中最为强大的一股，以他为代表的改革派报人，强调外国新闻的重要性，希望通过锐意进取的报刊来进行宣传，并打动读者。无论是刊物目的还是文章内容，与初期报刊亦有所区别。改革派在期刊改革过程中创办了各种不同的专业性期刊，开创了中国杂志出版事业。

解释性新闻史研究，比宽泛地记叙报刊发展流程能更深入新闻媒体、事件、人物与社会政治、经济、文化层面，但总体而言，它基本上还停留在人文学科的背景中，以定性分析为主，难以深入地运用具体理论进行分析支撑。

　　白瑞华通过考察1800～1912年的中国报纸，分析以传教士报刊为代表的外国报刊和本土报刊的相互影响与融合的过程，指出新出现的中国现代报刊正是两者混合交融的产物，这一观点揭示了中西新闻业更深层次的关系。外国报刊主要由传教士出版并管理，一方面，传教士为了更好地融入中国，将报刊办成传播普通知识的中文刊物；另一方面，越来越多的外国人涌入中国，他们需要了解中国，进而在其聚居地办起了外文报刊。外国报刊在为中国社会带来报刊的新形式和新的办报理念的同时，中国社会也在不断改造并将其发展成为最适宜自己使用的工具。从内容表述、版面布局到传播的思想一步步地内化成为中国早期新闻业变革的动力。

　　他通过中外对比指出《京报》要比欧洲国家公报更具公信力；通过对初期和后期报刊要素的分析，他看到办报人所做出的努力和改变，在报刊语言方面经历了罗马拼音等其他语言的争议和尝试；而同一刊物在前后不同的时间段里经常会更换不止一次刊物名称作为权宜之计，这是中国出版人为了避免政治干涉的一种惯用手法。白瑞华长于将同一时期性质类似的刊物放在一起对比研究，可以看到在一个时期内由于受政治影响，刊物名称上会有倾向性，如民报系列的《民呼日报》、《民吁日报》和《民立报》。

　　同时，因为办报主体的不同，其文风、内容均会有所差异，以物理科学为主、预示着物质进步的西方新闻学与沉溺于伦理纲常的传统中国公报的新闻文化发生着冲突，新的报刊思想和形式带来了新的社会思想，带来了社会和新闻业的变革。白瑞华超越了简单的差异性分析，把中西新闻比较研究置于中西社会文化的关系层面，他用社会政治文化的差异来解释中西方报刊和新闻发展态势的差异，让人们体悟到中西新闻的不平等关系根本上是由不平等的中西方关系造就并加深，这使得中西新闻比较具有更进一步的研究意义。

　　7. 表现形式多样，增强作品的真实性和感染力

　　在表现形式上，全书有三个明显的特征。

　　首先是引用之多。之所以将这个归结为表现形式的特征，是因为引用文的字体不同，在排版上容易引起读者注意，突出其引用内容的意义。这既是一种形式上的特征，也是研究方法上的文本分析的例证。找出文本的意义，这个意义可能是文本自身所具有的意义，也可能是研究者给予文本的意义。全书有 51 处进行了原文引述，内容上包括当时背景下具有一定社会影响力的人士对研究对象的评论，如引用中国海关总检察长赫德评价《京报》的电报；也有相关学者早期对研究对象所做的描述与评论，其中引用最多的是学者戈公振《中国报学史》中的内容，在一定程度上增强了该著作内容的丰富性和信息的准确性；当然也有直接对研究对象内容的引用，比如写到《申报》时全文引用了当时《申报》的"本馆告白"和"本馆条例"，通过梁启超创办的改良派报刊《强学报》的"本馆告示"原文以及梁启超自己的论文《论报馆有益于国事》的原文对比，充分说明了两份刊物的异同，在对原文引用与对比中揭示了中国报刊的发展以及时局对人物、对整个新闻业发展的影响。其中大多数是白瑞华文中所研究刊物的告示。告示相比具体文章更能体现一份刊物的定位、办报方针、原则等，更能体现出刊物与社会的相互影响。

其次是表格的使用。如表 1 所示，作者在书的最后一章归纳性地列举了 1890 年、1898 年、1913 年、1921 年、1923 年和 1925 年中国报刊的统计数据，而这些数据均来源于白瑞华对相应年代相关出版物的研究和数据收集。书末的参考文献显示，白瑞华所使用的数据，其来源分别为范约翰（J. M. W. Farnham）1890 年所出版的《期刊文献及中文期刊名录》（*Essay on Periodical Literature, and List of Periodicals in the Chinese Language*）、包克私（Ernest Box）1898 年出版的《本土报纸》（*Native Newspapers and Their Value for or against Christian Work*）、柏烈伟（S. A. Polevoy）1913 年出版的《报刊在中国》（*Periodicheskaya Pechat v Kitaye*），而 1921 年、1923 年和 1925 年的报刊发展情况，则选用了英国人伍德海（H. G. W. Woodhead）所主编的《中国年鉴》（*The China Year Book*）[①] 中的相关统计数据。

表 1　《中国近代报刊史》列举的中文报刊数据

年份	总数（份）	来源
1890	15	范约翰

[①]　《中国年鉴》由英国记者、报刊评论家伍德海（H. G. W. Woodhead）主编，从 1912 年至 1939 年共 27 册，2010 年国家图书馆出版社出版时，定名为《中华年鉴》。

年份	总数（份）	来源
1898	60	包克私
1913	487	柏烈伟
1921	840	《中国年鉴》
1923	1050	《中国年鉴》
1925	1200	《中国年鉴》

数据为源：〔美〕白瑞华《中国近代报刊史》，苏世军译，中央编译出版社，2003，第149页。

当时的新闻传播学很少使用量化研究方法，表1直观地展现了1890～1925年的中国报刊数量变化。

最后是图片。图片的使用一方面增强了本书的可读性，更为重要的是大大增强了真实性。全书最后的24张图片是白瑞华亲自考察的结果，是他收集来的保存于外国博物馆的早期报刊图片，具有重要的史料价值和参考价值。

这部学术著作具有史论结合、对比研究等鲜明的研究特征，对今后的新闻史研究具有一定的指导意义。这是一部百年中国新闻史，更是一部特殊时期的中国科学、民主和革命历经磨难的发展中，新闻可以影响人民的思想，引导社会变革，一部新闻史也可以记录时代的变迁，为后代传承精神和经验教训。白瑞华通过对中国百余年新闻史的深入研究，向后人揭示了新闻史的重要意义，展示了新闻史研究过程中不同研究方法的运用特征。

二　瓦格纳中国新闻史研究的特点分析

美国是当今中国研究最发达的国家，但是欧洲和美国汉学研究的不同之处，是欧洲的中国研究具有非常深厚的学术积淀，在中国传统的积淀中，欧洲汉学研究体现出了非常高的学术水平。欧洲汉学研究的新一代学者无论是在研究内容上还是在研究方法上较之前都发生了很大的变化，在独立研究的基础上，他们也借助了一些基本学科之外的方法，加之扎实的中国学研究功底，使得全世界汉学研究对这一批学者非常重视。

欧洲可以说是汉学研究的发源地，自传教士时代就非常热衷于中国学研究，以法国、德国和英国为代表，它们一直是欧洲汉学研究的制高点，虽然由于战争的缘故在 20 世纪上半叶走了很多曲折的道路，但这并不影响其战后汉学研究的发展。在这些汉学强国的引导下，欧洲其他国家也都致力于中国学研究，取得了相当大的进展和成功。

（一）瓦格纳及其研究成果简介

1. 瓦格纳简介

鲁道夫·G. 瓦格纳，德国海德堡大学汉学系、亚欧研究中心资深教授，美国哈佛大学费正清中国研究中心研究员，国际儒联理事会成员，柏林－勃兰登堡社会科学院成员，上海社会科学院特聘研究员。

瓦格纳于 1941 年出生在德国威斯巴登市，父亲 O. H. 瓦格纳拥有博士头衔。1962 年，21 岁的瓦格纳离家开始求学，1993 年被授予德国学术界的最高荣誉——莱布尼茨奖，他成为获得这项德国最高头衔的第一位汉学家，也为海德堡大学赢得了荣誉。瓦格纳先后在波恩、海德堡、巴黎和慕尼黑学习日语、汉语、哲学和政治学等多门学科，又到美国的哈佛大学、加州大学伯克利分校以及德国柏林等地学习任教，教学相得益彰，研究领域跨度之大少有人及，从佛教到魏晋玄学，到当代中国的文学、经济，再到中国古代道教以及对王弼的研究，涉及领域众多，成果颇丰。

瓦格纳无疑是一位世界主义者。之所以选择瓦格纳的研究作为本文的研究对象之一，不只因为德国的汉学研究地位突出且瓦格纳曾获得莱布尼茨奖，更是因为瓦格纳教授领导了两个针对中国社会和文化的研究小组，其中一个从事对中国传统的文章诠释和注释的研究，另一个从事对中国公共领域的结构与发展的研究，自 20 世纪 90 年代组织起来，包括一个《申报》研究团队，其他成员包括他的同事或学生：梅嘉乐、燕安黛、费南山、叶凯蒂等人。其与中国的亲密接触是从 1989 年开始，瓦格纳与上海社会科学院建立了长期且稳定的合作研究关系，1996 年，他被聘为该院的特约研究员。在此期间，瓦格纳对中国文化的研究进入了一个新的平台，陆续发表了《中国公共空间的运作：太平军的神学和宣传技术》《外国社团在中国的公共空间中的作用》《危机中的〈申报〉：1878—1879 年郭嵩焘与〈申报〉之间的冲突和国际环境》《道德中心和转变的推进器：中国两个城市的历史》《中国早期的报纸和它的公共空间》《进入全球想象图景：上海的〈点石斋画报〉》《申报馆早期的书籍出版》《公共场所和舆论》等作品，为其对中国的研究又增添了许多素材。

面对作为对象的"中国"时，他有自己独特的关怀和视角。他的关于中国新闻史研究的著作成果中，《进入全球想象图景：上海的〈点石斋画报〉》一文并不是最有名的，他以"王弼专家"在西方汉学界闻名，但是他的视野和关注面远比这开阔。由于瓦格纳的其他著作不是被进行了多次分析研究，就是文献无法获取，综合考虑研究体系的完整性、研究内容的创新性和资料获取的可能性三个角度，最终选定该论文为研究对象。

2. 瓦格纳研究成果简介

早期，瓦格纳从事中国佛学研究，后来转向玄学，对王弼的《老子注》进行研究。其大部分著作都与王弼的《道德经注》相关，堪称王弼研究的专家。主要著作有《注疏家的技艺：王弼的〈老子注〉》《语言、本体论和政治哲学：王弼对玄学的学术考察》《〈道德经〉发微：王弼对〈老子〉的注释——批评文本和翻译》（以上三书有中译本《王弼〈老子注〉研究》上下卷，杨立华译，江苏人民出版社，2008）等。另著有论文百余篇，内容除了上述提到的王弼的《道德经注》的相关内容，还包括了对中国早期其他文化的相关研究，如论宗教在太平天国起义中的作用的专著《中国公共空间的运作：太平军的神学和宣传技术》《重制天国图景：太平天国运动中宗教的作用》等。20世纪90年代，在瓦格纳的带领下，海德堡大学汉学系的学者开始研究中国早期报刊史，在收集了大量中国早期文化资料后，他们发现19世纪末，特别是在江南，人们对摩登时代知识的传播和了解比他们原来想象的丰富得多、具体得多。研究成果包括一系列关于晚清报纸《申报》和申报馆的论文，如《危机中的〈申报〉：1878—1879年郭嵩焘与〈申报〉之间的冲突和国际环境》、《旧上海的新偏爱：美查申报馆的影响（1870—1890）》以及其他的研究成果如《晚清新政与西学百科全书》、《中国的"睡"与"醒"：不对等的概念化与应付手段之研究》等，其中有不少文献在国内现有资源库依旧找不到原文，需要在后续研究中不断深入了解原作者的生活和写作背景，进一步挖掘探索。关于中国新闻业的研究涉及

《进入全球想象图景：上海的〈点石斋画报〉》一文，即本文探讨分析的内容。这篇文章一方面不涉及更多相关的论文，能够确保研究文本的完整性，另一方面，到目前为止，对其进行单独分析的较少，其具有较高的研究价值。

瓦格纳是白瑞华的后辈与同乡，其《进入全球想象图景：上海的〈点石斋画报〉》将中国的新闻事业发展置于全球化的背景下进行深入研究。这篇论文，是 20 世纪 90 年代急速发展的"中国公共领域的结构与发展"研究小组的众多研究成果之一，而瓦格纳是该小组的主持人。之所以也放到 20 世纪的研究成果中来研究，是因为这个小组成立于 20 世纪末，该项研究亦启动于 20 世纪，因而也是 20 世纪的中国新闻史研究成果之一。

（二）瓦格纳的代表成果——《进入全球想象图景：上海的〈点石斋画报〉》分析

1.《进入全球想象图景：上海的〈点石斋画报〉》研究对象所处时代背景

19 世纪的欧洲和北美国家都因为印刷革命的到来在印刷品方面发生着巨大的变化，公共教育的普及扩大了报刊和印刷品的读者群，煤气灯、电灯的出现延长了人们的阅读时间，火车的出现和普及更是大大增加了阅读的机会，对此，当时有很多学者都关注到了这一问题。造纸业以及机械印刷等技术的出现更是促进了报刊的发展，使得报纸、期刊更为及时、便宜。

更为关键的是，这场印刷革命同时带来了印刷图像的繁荣。随着印刷机和新兴印刷技术的发展，画报和石版画由于其忠于原作以及成本低的特点繁荣了起来，数量上的增长和价格的下降使之进入了那些原本无缘印刷品市场的家庭。追求离奇有趣、充满逸事、引人入胜的版画，以及追求现场真实的新闻画的人一起迅速形成了一个世界范围内的共同体。这种形势使图像迅速在大范围内被作为信息和娱乐载体而使用，无意间培养了一种娱乐、轻浮的态度。另一方面，画报的出版发行在潜移默化中培养了新兴识字阶层的读报习惯，使他们逐渐对"正统"报纸也产生兴趣。新的主题、新的技术、新的公众和新的市场促使图卢兹－劳特雷克发现了彩色石印在招贴画中的潜力。

在这个过程中，中国始终处于被非边缘化的状态，有关中国的信息除了 19 世纪 80 年代作家陈季同被视为"真正权威的来自中国的声音"，其他都要靠当时的传教士的第一手资料。

在文字中添加插图、图表、地图和图解的做法在中国并不新鲜,从公元前5世纪楚国的以图画为主要表意符号的帛书起,中国插图经历了静态到动态、兵书到农业图解等多种变化,但都只是作为文字的补充,插图作者也排在其他作者之后。

在西方画报开始发展的时代,在这个版画世界中,中国由于地域之远和紧闭的国门而产生的神秘感,经常成为其描述和描绘的对象,但它却从来不主动。在中国出现的一切潮流的源头都在中国文化范畴之外的其他中心。加之早期中国现代报刊是由外来传教士引入的,中国新闻史研究的学者普遍认为上海早期的出版业是帝国主义者对中国的入侵以及对中国内部事务干涉的表现和结果。虽然后来很多原始材料证明这种观点是错误的,但当时确实几乎没有中国人真正涉足该领域。将画报与新闻画及艺术品的石印复制引入中国的关键人物是美查,《点石斋画报》改变了文字与图片的关系。

2.《进入全球想象图景:上海的〈点石斋画报〉》研究成果所处时代背景

20世纪90年代,西方汉学界掀起关于中国早期(主要是19世纪)公共领域的讨论热潮,但瓦格纳领导的"中国公共领域的结构与发展"研究小组成员并没有像当时的多数研究者那样,通过分析社区事务中各要素的组织运行来探讨当时中国社会的公共领域问题,而是选择对《申报》《点石斋画报》等早期中文报刊详加考察,通过个案研究,从媒体自身发展和当时报刊内容所反映出的中国社会状态来实现他们独特而有重要学术价值的研究。

国内新闻史研究经过了新中国成立到改革开放这段时期的曲折发展历程,逐渐恢复并焕发活力,逐渐开始百花齐放。方汉奇在1986年发表的一篇文章中描述了改革开放初期中国新闻史研究的繁盛状况。截至90年代初,公开出版的新闻史教材、专著和文集有20余种,公开发表的有关新闻史的文章累计达3683篇,新闻史座谈会和研讨会不下12次,陆续创办了《新闻研究资料》《新华社史料》《天津新闻史料》《湖北省武汉市新闻志参考史料》《武汉新闻史料》《新闻界人物》等新闻史专业刊物。[1]

---

[1] 方汉奇、王天根:《中国新闻史研究的回顾与展望——方汉奇先生治学答问》,《安徽大学学报》(哲学社会科学版)2015年第2期。

3.《进入全球想象图景：上海的〈点石斋画报〉》研究对象的选取

篇名称即指出文章的研究对象是《点石斋画报》，行文过程中也有提及其他画报，如《小孩画报》《瀛寰画报》或者国外的其他画报均以例子形式出现。全文共计七万余字，分为七个章节，分别是"世界背景"、"中国背景"、"美查涉足印刷图像市场的初次尝试"、"一份中国自己的中文画报"、"《点石斋画报》"、"《点石斋画报》的增刊"以及"几点结论"。其中，前两章属于背景介绍，介绍了当时全球（包括中国）范围内新技术对文化发展的影响，以及图片印刷的简单发展历程。第三、第四章为《点石斋画报》的出现做铺垫，一方面介绍了《点石斋画报》主要创设者美查的个人经历，介绍了他如何从一名普通打工仔晋升成为对当时中国新闻业发展有深远影响的大人物，介绍了他为《点石斋画报》的成功做出的前期努力；另一方面细致地叙述了当时中国的画报行业情形。中间三章则是该文的主体部分，着重介绍了《点石斋画报》的具体文本内容、运行状况及主创人员的基本情况，后文将着重分析该部分。最后一章则是作者对该画报及其研究问题的总结。

在万方和中国知网等国内著名论文库以"点石斋画报"为关键字搜索，从有数据记录显示来看，整个20世纪对《点石斋画报》的研究和关注度呈直线上升趋势。文章大多数内容集中在画报主要画师吴友如身上，或是单纯地集中于《点石斋画报》的某一方面，包括其中的主要图像、该画报所反映的当时的民俗，或是通过该画报分析当时的女性形象。该文的可贵之处在于作者结合散落在各处的文本原件和当时的其他报刊及评论者对该画报的看法，结合主创者美查的个人经历，融合了当时该画报多位主要参与者的个人体验原文献，客观地分析了《点石斋画报》的具体情况，向读者展现了画报如何一步一步创设起来并发展成为帮助我们理解那个时代最具现代倾向的中国人的内心精神生活的无比珍贵的原始资料。

4.《进入全球想象图景：上海的〈点石斋画报〉》研究方法的运用

（1）文本分析，深挖人物事件关系

立足文本分析是瓦格纳这项研究的显著特色。为了全面了解《点石斋画报》，增强研究的真实性，瓦格纳拒绝了常见的通过1897年重刊本展开研究的做法，而是到伦敦的东方及非洲研究学院、上海图书馆、伦敦大英图书馆、剑桥大学图书馆等各个不同的图书馆寻找初刊本，通过那些零散的片段重组整个画报的创设历程。瓦格纳在《进入全球想象图景：上海的〈点石斋画报〉》中所选的文本不限于《点石斋画报》自1884年5月8日第一期至1898年8月16日之间的528号，还包括了在该画报发行期间其他刊物及人员对其所做的评论和相互之间的关系等。他挑选文本的具体方法如下。

整体介绍了市场对专业画报的催生过程和1884~1898年这15年间画报的经营状况；在华传教士（19世纪50年代）早就在他们的许多中文出版物中嵌入插画，但这些插画都是西方的作品，直至1884年5月8日《点石斋画报》发行，中国画报业作为新闻业的一个部分才逐渐成熟。

通过对17幅新闻画报的画面描述，从题材及内容、画面风格、制作方法等方面全面细致地说明了《点石斋画报》在发行的15年内其自身的变化。

文章第四章主要介绍了1883年开始的中法战争中的4幅新闻招贴画，包括木版画《刘金克复宣泰大获全胜》、《刘提督镇守北宁图》、《法国攻打北宁刘帅大获全胜图》和一幅铜版画《克复北宁河内水战刘军得胜新图》，具体分析了每幅画的图像、文字及其相互间的特点，并未涉及过多的技术性内容。从这4幅画中我们可以看到当时以战争为主题的新闻招贴画已经具有新闻性和宣传性的双重功能，其作画的主要原则就是把关键人物画得比其下属更大，大胆地营造出一个夸张的场景以宣布这尚未确证的胜利，树立典型形象和事件，使这场战争成为中国历史上第一场公共的战争，电报的出现更是大大加快了交流的速度，引起了广泛关注。这些招贴画的成功，表明中国绘画有着与西方画报相似的风格，夸张而具有目的性。

阅读其他报刊如《新闻报》《申报》等，以及美查等画报主创人员对画报的解说评论，通过19处原文引用，结合自己在项目中的知识积累，提供理解《点石斋画报》的情境，他将报纸整体定位成一种融合了各种文体、各种声音的新式文本。在分析报刊中的人物形象，以及报刊所反映的上海人的生活及社会构建的时候，他综合考察分析了社论、新闻、广告、插图、诗词等内容，还原出诸色杂陈的丰富图景。

（2）以个案研究为起点，全方位分析《点石斋画报》

贯穿全文最主要的研究方法是个案研究方法，以个案为研究的起点，是一种相对微观、细致、深入的研究方法。瓦格纳以《点石斋画报》为案例，以其创办前后的发展为线索，通过多角度、全方位的描述，结合各要素做出系统性研究。

文中提到以美查和吴友如为代表的主创人员的个人经历以及这些人物自身所涉及的和新闻业相关的经历和刊物，着重介绍了吴友如，包括他在画报业的地位以及他的作画特点、由他所创设的《飞影阁画报》、他的适度而专业的画师本质等方面；提到了画报如何有别于其他街售画报，通过画面进行有深度的新闻报道，以及从战争宣传到《乘龙佳话》《淞隐漫录》等连载插画的内容演变；提到了美查如何通过版面形式设计、色彩变化等增强产品的"中国性"，使画报不断中国化的过程；提到了画报如何在新闻业的不断发展中催生出来，如何倚仗《申报》已经发展出的全国性的记者和销售网络向全国扩散；提到了画报发展的 15 年间对于画报业、新闻业甚至整个社会的读报习惯的影响；提到了中国的传统画家有一种不同的美学趣味，其创作风格从抽象到写实继而成为新闻画作创作者的画风转变，版面形式、收买价格、定价标准都是其详细介绍的内容。画报本身是一棵树的树干，上文提到的各要素是树的树枝，而由各要素丰富拓展出来的内容则是这棵树的树叶。正是这些翔实的资料、多角度全方位的覆盖介绍，使得《点石斋画报》这棵大树在瓦格纳的介绍下显得枝繁叶茂。

（3）综合运用对比研究法，加大论述力度

在具体板块中运用对比研究法，凸显《点石斋画报》的特征。文中提到在表现 1884 年北宁城遭法军进攻的情形时，《点石斋画报》与街售的普通招贴画传播消息的不同，"这里（指《点石斋画报》）的画面和文字在如实报道与营造一个有趣的场景之间，力求达到一种微妙的平衡"①。

通读全书可以看出该书还原了很多当时的画报文本，关于原文本的介绍和引用对于后期从事该方面研究但又无法接触原始资料的研究者来说具有重要意义。同时，由于瓦格纳接触了更多的原始资料，他大量研读报刊原始文本及其他相关资料，对很多早已存在的有关中国新闻史的看法提出

---

① 〔德〕鲁道夫·G. 瓦格纳：《进入全球想象图景：上海的〈点石斋画报〉》，《中国学术》2001年第 4 期。

了质疑，包括对于美查的事业的评价，吴友如的出身、身份定位、发展（离开点石斋自立门户创设《飞影阁画报》）以及画报的性质等多方面，为后续的研究提供了一系列全新的角度和思路。同时，作者也在该书的最后指出《点石斋画报》独特的长期性影响依旧是一项艰难的研究课题，罗列了他所能想到的一系列相关议题，大大加深了人们对当时报刊与社会的认识，颇具启发意义。

研究瓦格纳的"点石斋"，其实就是研究海德堡大学汉学系的中国新闻史研究的特点，通过这个案例探求 20 世纪 90 年代欧洲社会对中国新闻的研究内容及其特点。他们在研究对象的选取和研究成果的呈现形式上并不贪多求全，也不拘泥于现有的通行的说法，他们选择多角度切入，各个攻破，通过自己对大量史料的阅读和小组成员之间的相互讨论启发，得到独特且有成效的见解。他们的大量史料积累，又进一步促使他们的小组成果能够找到彼此间的深层次关系，并进一步开拓空间，为后续研究提供更详细的资料和更好的研究平台。

三　瓦格纳和白瑞华中国新闻史研究的特点对比

如今中国新闻史研究已全面开花，呈现一片欣欣向荣的景象。自 1992年中国新闻史学会正式成立以来，中国新闻史研究逐渐走上正轨，正因为对其研究的不断深入，众多的研究者试图突破传统的研究桎梏，在发展中改进和创新新闻史学研究的学科体系，无论是从研究内容、研究方法还是从研究角度等方面均取得了很大的突破。

上文已经介绍了 20 世纪美国和德国中国新闻学研究方面的著名学者，并对其相关作品进行了文本分析，下面试从写作背景、研究内容（研究对象）、研究手法、研究成果的表现形式及其对中国新闻史的影响五个方面对其进行对比分析。

（一）研究者所处时代的特征

白瑞华和瓦格纳都是其各自所处时代的中国新闻学研究领域的佼佼者，

且都与中国有着深厚的渊源，然而20世纪初和20世纪末的中国社会无论从政治、经济还是文化的角度都呈现两种截然不同的状态，中国的新闻学也处在两个完全不同的发展状态。

20世纪初期，中国社会动荡，人心不稳，在求稳定和求变革的矛盾中被西方的新思想裹挟着向前发展，中国社会从来没有经历过如此翻天覆地的变化。而当内战、反侵略战争、革命战争成为一个国家的主题时，国家和人民便无暇顾及经济、文化的发展，不可避免地会陷入困境，处于或停滞或缓慢发展的状态。这直接导致了中国新闻史的研究在20世纪30年代前几乎处于空白状态。直到1927年戈公振的《中国报学史》问世，中国新闻史的研究工作才全面开始。在此之前，新闻界早期的一些关于中国新闻发展的研究文章也发表了一些，如1873年的《论中国京报异于外国新报》，1901年的《中国各报存佚表序》《本馆第一百册祝辞并论报馆之责任及本馆之经历》等。这些文章，或简单地进行史实描述，或结合当时的历史进行了一定的分析研究，但总体数量少，论述浅显，仅对报刊的历史和当时的状况做了简单的勾画和描述，无法形成系统。

因而，首先必须承认，白瑞华在中国新闻史研究处于艰难起步时期的1933年，对中国报刊整体发展所做的该项研究是必然且有重大实际意义的，其次，其研究成果必然是带有当时特有的社会属性和政治结构色彩的，特别是报刊反映一种调节个人与社会关系的社会控制的方式。

此后，经历了基础起步阶段、全面开展时期，至20世纪80年代，中国新闻史研究进入一个空前繁荣的阶段。中国新闻史的学科地位和现实意义不断凸显，为世界上许多国家所不及。如果说，在20世纪初，中国还是一个新闻弱国的话，那么在20世纪末，中国已经成为世界上无可争辩的新闻强国之一。

戈公振的《中国报学史》、方汉奇的《中国新闻事业通史》和《〈大公报〉百年史》、复旦大学新闻系编的《人民的喉舌——韬奋论报刊》、黄卓明的《中国古代报纸探源》等、复旦大学丁淦林教授主持编写的《中国新闻事业史新编》等系列教材社会影响广泛，深受好评。研究者中不仅有中国的研究者如台湾郑贞铭教授，还有华裔新加坡人卓南生等。通史、断代史等领域都有了不少佳作，人物史、地方史、断代史、史话类通俗读物、纪念文集与论文文集等不同领域、不同著述体裁方面都推出了一批有影响力的作品。

90 年代以来报纸副刊一直在不断调整之中，从内容到生产机制到运作理念都在调整，试图适应时代文化语境的变迁以及信息化时代受众的阅读需求，这也使副刊的发展突破传统以文人为主导的文艺副刊形态而呈现多元化的态势。

在此大前提下，一方面，瓦格纳将其研究视角投向非典型的新闻史研究对象之一——《点石斋画报》——上海《申报》的一份副刊；另一方面，挖深井式的新闻史研究成了当务之急，在泛泛层面知道了新闻史的发展步伐后，就需要知道为什么这么走，跨了多少步，每一步踩得多深，用了多少力，瓦格纳做的就是这件事。他带领他的团队，从《申报》、画报、印刷馆等多个角度展开有针对性的调查研究，再集全组之力整合出研究成果。

（二） 研究对象的选择

新闻史到底应该研究什么？要怎么开展研究？这些都需要一个新闻史研究史观来指导，这"是指治史的基本认识和观念"①。部分学者甚至将新闻"史观"视为提高我国新闻史研究水平、解决相关问题的关键性和首要因素。从学术史的角度判断，把新闻史研究的眼界从新闻传播学科移向其他人文社会学科，这是文化史观为新闻史理论建设提供的最宝贵的西方经验。

20 世纪初，随着美国现代新闻业的发展，大量新闻实践者涌入我国，很多记者加入新闻院系的筹建中。在史观上，由于其前期的记者身份带来的实践经验，他们认为新闻史是由新闻标准、新闻理念以及逐步专业化的报道技巧所构成，因而他们在进行新闻史研究的过程中亦遵循这样的标准，这就决定了新闻史书写需要体现美国新闻专业主义发展的连续变化。而以往的新闻史研究恰恰存在断裂之处，所以新一代美国新闻史学者提出采用通史体书写美国新闻史。20 世纪 50 年代以前的文章基本上都注重政治、经

---

① 李大钊：《史观》，载李大钊《李大钊散文》，李剑霞选编，上海科学技术文献出版社，2013，第 100 页。

济、军事和意识形态等宏观的、整体的要素，或者是对国家行为进行宏观分析，以新闻通史串联重要历史事件、人物成为此间美国学者进行新闻史研究的过程中所遵从的主导范式。

白瑞华的《中国近代报刊史》为我们提供了社会学视角的新闻事业变迁史研究的范式，他选取了 1800 年到 1912 年整个中国新闻业发展中的刊物作为研究对象，包含了 200 多种报纸、杂志以及刊名不确定的新闻纸，研究对象数量众多，串起了初期中国新兴报刊的通史。他提到"在 19 世纪，中华文明与其悠久的历程发生冲突，开始痛苦地尝试，以适应新世界环境的需求"① 的社会大背景；提到"大清帝国处于一个衰落阶段，其整体艺术和民风低于先前水准"② 的文化走向；提到"大多数中国人都有一种局部观念，对国家的其他地区漠不关心，更不用说外国了"③ 的国民意识形态。他首先从宏观上为该著作的研究设定了一个视角，在这样的前提下，西方列强开始打开中国国门，传教士通过各种经济、文化手段在中国境内办报，企图通过新闻宣传来接触封闭的中国人，传播西方文化和思想，这在客观上带动了中国新闻业的发展，使其从形式到内容上与西方新闻业发展保持同步。从内容的具体展开情况来看，白瑞华对于 200 多份报纸，详略不同、各有侧重地进行介绍，其中，超过半数的刊物仅在举例时提及，并未做任何展开介绍，甚至有些刊物只提及"想创办一份周刊"，或出版了一期却未提及刊名和其他任何消息。白瑞华在众多报刊的不断转换中展现了当时中国新闻业的急剧变革和快速发展，正是众多不同的刊物，在众多传教士和国内思想领先的人物的带领下，从各个不同的角度突破发展，有的在内容上创新，有的在文风上突破，有的打价格战，有的通过出版周期来赢得受众，各有所长，彼此促进，用一个较为整体的视角来了解以报刊为代表的中国新闻业的发展过程。

正是由于白瑞华在研究过程中所选择的这样一种宏观写史的新闻史研

---

① 〔美〕白瑞华：《中国近代报刊史》，苏世军译，中央编译出版社，2013，第 31 页。

② R. S. Britton, *The Chinese Periodical Press, 1800 - 1912* (Taipei: Cheng - Wen Publishing Company, 1966), p. 3.

③ R. S. Britton, *The Chinese Periodical Press, 1800 - 1912* (Taipei: Cheng - Wen Publishing Company, 1966), p. 3.

究观念，只有通过大量的报刊演变及其引发或反映的新闻事件，一种整体的面貌才能够得以全面地呈现。虽然二战后，美国新闻史研究也开始多元化，向细分领域发展，但这是20世纪初的研究成果，颇具时代特色，符合20世纪初美国在新闻史研究过程中提倡"采用通史书写新闻史"的研究特点。

而从20世纪末的海德堡大学的新闻史研究来看，虽未明确提及具体的新闻史观，但是在二战后整个西方史学方面出现重大变革的大背景下，以海德堡大学为代表的德国中国新闻史研究过程中体现出尊崇不随大流、不随主流的原则。相比早期的宏观巨著，视角更为微观化，不再是过去的断代史式的宏大叙事，而是逐渐深入微观化的琐细研究。研究领域从政治史和经济制度史转向新社会史、新经济史、城市和地方史以及一些被传统史学所忽视的领域转变，研究对象从杰出人物转向普通人和社会底层默默无闻的劳动群众。

《点石斋画报》本质上只是《申报》与《新闻报》在20世纪30年代双雄争霸的过程中厚报化手段的一个增刊，在以往宏观视角的研究中并不会作为主要研究对象出现，通过知网以"点石斋画报"为关键字进行搜索，可以发现21世纪以前每年相关的研究成果数量均为个位数。而瓦格纳的选择恰恰符合20世纪末"中国公共领域的结构与发展"研究小组在中国新闻史研究过程中不走寻常路的研究手法。一方面，它契合了20世纪末中国副刊发展迎来新一轮挑战的契机，具有实际的研究意义；另一方面，瓦格纳仅选取《点石斋画报》为研究对象，以小见大，通过详细展开该画报的各要素情况，以一个典型画报进行个案分析，将其置于中国公共领域结构与发展的新时期大背景下研究，来窥视该画报出刊前后几十年间的中国新闻业发展状况。这种研究实际上是前面通史和断代史研究的继续深入和细化，也是对中国新闻传播史的一种补充和完善。而瓦格纳在进行介绍时，同样涉及了刊物内容、刊物风格、印刷方式、发行量、版面特征以及刊物定价等多个角度，但不限于简单的讲述，他还对每一个角度的内容都做了延伸，不但看到了《点石斋画报》的深度和专业度，而且看到了中国新闻业发展到19世纪末呈现的一种多角度、全方位的专业化趋势。

从两位研究者所选择的研究对象所处的时间来看，虽然范围不尽相同，但存在很多类似的地方。瓦格纳的《进入全球想象图景：上海的〈点石斋画报〉》主要围绕的《点石斋画报》《申报》以及美查、王韬等著名办报人，在白瑞华的《中国近代报刊史》中均有提及，所以整体来看，两者的主要研究对象均集中在 19 世纪末 20 世纪初，刚好处于中国的大门被打开，新思想不断涌入，中国的文化思想界不断地被注入新的观念和知识之际。

（三）研究方法的运用

由于新闻史的学科特点，长期以来，新闻史研究的方法比较单一，多限于史料整理与历史性描述方法，白瑞华和瓦格纳在研究过程中整体上都是以定性分析为主。新闻史研究史观的发展，带来了眼界的拓展，进而引发了新闻史研究领域的延伸和新闻史研究话题及研究对象范围的拓展，更将新闻史研究从新闻传播学科内延展至整个史学研究、文化研究以及报刊社会学领域，促使新闻史研究逐渐脱离定性分析的唯一途径，开始运用解释、分析、批判等其他学科的研究方法，加大新闻史研究的难度，增加新闻史研究的科学含量。

白瑞华的《中国近代报刊史》用到了观察法、比较法和文本分析法，最终落实到描述性研究和解释性研究。这是美国新闻传播学研究的常用方式，与 20 世纪初中国新闻史研究与中国史研究相结合的特点也不谋而合，体现了美国重实用主义的研究理念。他整体上以描述性研究为主，按照时间顺序以 200 多份报刊构建起整本著作的框架，在具体进行解释性研究时多用到对比分析法和文本分析法。例如，通过对文本的阅读分析，从新闻学的角度来审视中国历史的变迁，分别在其原著 "The Chinese Periodical Press, 1800 – 1912" 的第 6 页、第 67 页和第 68 页，选取了鸦片战争中的首次中英战争事件、中国沿海巡逻任务的失败事件和面对台湾大屠杀事件时的中国传统报刊的报道内容，以及其引发的不堪后果。通过对这样的具体内容的分析，真实记录了中国报刊的发展轨迹，一定程度上反映了 20 世纪中国科学、社会、文化艰难前行的历史。

而发展到 20 世纪末，以描述性研究方式为主要研究方式架构起的中国新闻史通史类研究成果已基本满足研究成果的完整性需求，一些被忽视的领域和阶段的个案研究进而显得尤为重要。至此，瓦格纳教授以文本分析为主，其研究深度和角度充分体现了个案研究法的特点。以个案为研究的起点，与常见的"举例论证"有着本质的区别，相比通史类的大量历史知识的铺成，个案研究在进行解释描述时相对微观、细致，进而也更为深入。瓦格纳及其小组试图从早期中文报刊的角度切入，研究中国公共领域，这里所指的"个案"是整个研究过程所围绕的主要人物事件，贯穿研究的始终，而非简单"摆事实、讲道理"的"举例论证"。

国内研究成果显示，"十一五"以来，以单个的报纸、报人为个案展开研究，由点到面反映近现代新闻事业的发展状况，这方面的成果非常之多。而瓦格纳的《进入全球想象图景：上海的〈点石斋画报〉》恰是中新史研究成果中个案研究的典范。瓦格纳在 20 世纪末即以《申报》的一份副刊《点石斋画报》为切入口，以画报本身的发展变化为线索，着重介绍了办报过程中主要参与人的生平事件，进而引出了其他的画报发展历史，从而窥视当时整个中国社会对画报的态度和 19 世纪末 20 世纪初新闻史发展的状态。他跳出了单一的新闻史简单描述的视角，将早期中国画报的发展放到了整个社会的发展和交流中来探讨，将画报当成整个社会系统发展的有机组成部分，可谓以小见大，为后来中新史研究中个案分析法的运用打了前阵，具有指导意义。

（四）研究成果的表现形式

表现形式即以一种什么样的形式将人所关注研究的对象表达出来。在研究成果中，有成果报告、调研报告和论文专著等多种。在具体内容展开过程中，可以运用到图片、表格，甚至是动画等不同的形式。

总体而言，《中国近代报刊史》和《进入全球想象图景：上海的〈点石斋画报〉》都是针对某个既定话题，通过科学思考和探索而得到的论述式文章，均属于科研论文类。

《中国近代报刊史》是白瑞华于 1931 年用英文撰写完成，并于 1933 年由上海别发洋行出版，1966 年由台北成文出版社再版，本文所参考的是 2013 年由中央编译出版社出版、苏世军翻译的版本。英文版全文分为 "Preface"、"Chapter" 和 "Bibliography" 三大部分，其中，中文部分再分为 11 个章节，部分侧重按时间顺序依次介绍涉及的所有刊物。

　　在白瑞华的《中国近代报刊史》出版的 1933 年，中国的新闻史研究刚刚进入起步阶段，尚无叙述体系可言，《中国近代报刊史》可以说是第一本完整叙述了百余年间中国新闻从被动接受，艰难起步，背负着外国文化输入重任的宣传工具，到成为中国新闻业，成为当时中国的文化发展内容之一的过程的著作。从本土报刊到西方报刊，从内地办报人到港台办报人直至西方办报人，从社会改革到革命报刊，从各个角度完整叙述了这百余年的中国报刊发展史。微观方面，叙述了中国新闻业受当时世界新闻业的发展影响所发生的变革，从广告的切入、新闻内容的选取以及版面设计等各方面展开。可以说，一本《中国近代报刊史》自成体系，既有史料搜集上的积极意义，又有叙述体系和表现形式上的典型意义，为后续中国新闻史的书写和研究提供了有价值的参考标准。

　　瓦格纳教授研究成果极为丰富，《进入全球想象图景：上海的〈点石斋画报〉》是其在 20 世纪末组织的"中国公共领域的结构与发展"研究小组的研究成果之一，最早在国内出版于《中国学术》总第 8 期（2001 年第 4 期）。全文分为 7 个章节，从背景入手，多角度切入，全方位深入介绍《点石斋画报》的情况，最后结合其自身知识和其他相关研究，对画报进行研究以及对新闻及其他公共领域与"那个时代最具'现代'倾向的中国人的内心精神生活"的关系进行思考。

　　除此以外，瓦格纳关于中国文化领域的研究成果还包括 4 部专著和已知的但未找全的近百篇论文，已知的中国新闻史论文除了《进入全球想象图景：上海的〈点石斋画报〉》，还有《中国早期的报纸和它的公共空间》、《申报馆早期的书籍出版》和《公共场所和舆论》等。结合 20 世纪末至 21 世纪初的中新史研究状况可以看出，相关成果已非常丰富，无论从叙事方式还是体系来看都已基本成熟，因此瓦格纳选择个案研究，以论文的形式集中研究分析某个现象，以小见大，亦是符合"挖深井"的时代特征的。其在形式上同样是由不同字体的原文引用和图片资料穿插在全文中。

　　虽然中国五千年的历史曲折而艰难，虽然大清帝国国门被打开后国势渐衰，但中国新闻业的发展脚步从未停歇。进入 21 世纪以来，中国的新闻学发展已经步入全方位、多角度的创新型研究的新阶段，中国主动打开国门，迎接世界的文化，而为了更好地前进与发展，对历史的梳理和反思显得更为重要。

刘昶所著《人心中的历史》一书提到过历史的三个层面：一是真实发生的历史，随着时间的流逝，或许只有上帝知道；二是史料中的历史，即通过文字的记载所保留下来的历史面貌；三是历史学家眼中的历史，通过对史料的解读，一千个历史学家眼中所呈现的就有一千种不同的历史面貌。所以，历史也罢，新闻史也好，学者的价值就在于充分掌握史料，并用恰当的方法和体系对史料进行合乎逻辑的诠释，尽量接近真实的历史。

中国新闻的研究发展到今日，学界对其的重视程度正在逐步加强，早已不再是最初的就事论事，而除了将定量研究和定性研究进行简单的结合外，更应该将"人文、历史、哲学的思维方式与'科学方法论'的思维方式相互整合"[①]。

放眼整个中国新闻史研究领域，各个国家的研究特点各不相同，广泛了解并选择性地吸收其科学的方法及成果对于进一步激发中国新闻史发展活力具有重要意义。

白瑞华完整呈现了中国本土报刊兴起后百余年间出现的报刊，以时间为轴串联起所有当时中国出现的报刊媒体，为对 19 世纪末 20 世纪初中国新兴报刊的研究提供了最基本的史料，同时，他跳出国内当时政治、经济等因素的约束，以旁观者的视角，站在一个更高的层面来分析中国新兴报刊发展与进入中国境内的各国传教士的关系。

以海德堡大学汉学系为代表的德国中国新闻史研究全面、系统而深入，不拘泥于具体的研究对象和研究方法，不随大流，不以传统官方视角看问题，从实际出发探索真实事件的特点亦是看待中国新闻史研究的一个新的立场。虽然瓦格纳的该篇文章被个别学者认为有失公允，夸大了西方人在中国新闻史上的地位，但其新闻史研究的视角和精神依旧值得学习。他对《点石斋画报》研究的最大意义在于对原始信息的深入挖掘和分析研究，填补了史料空白，并将其放到整个团队的研究项目中进行综合考量，看到《点石斋画报》和中国政治、社会等各领域的相互关系，这些都是值得借鉴的。

---

① 陈力丹：《新闻传播学：学科的分化、整合与研究方法创新》，《现代传播》2011 年第 4 期。

　　从方汉奇教授的成果中，我们可以看到对中国新闻史进行研究的学者远不止我们提及的这些，除了文中提到的美日学者，还有澳大利亚访问学者特瑞·纳拉穆尔、苏联的访问学者谢尔盖耶夫等。此外，同属亚洲的日本学者对中国新闻史的研究亦成果颇丰，比如日本新闻界的泰斗级人物小野秀雄等。

　　必须肯定的是，不同的中国新闻史研究方法和视角均有其意义和价值，不能完全否定其价值，也不可完全舍弃某一种，应做到兼具并存。学者的专业积淀、学科背景和各自所代表国家的学术风格以及所处的时代，均对他们的研究方法产生影响。因此，深入探究中西方新闻史研究方法的不同，对双方取长补短、优势互补，完善新闻史研究方法，增强传播效果有重要意义。在今后的新闻史研究中应加强对各国中国新闻史研究的关注，挖掘更多文本，进行更为深入的分析，更好地指导中国新闻史的后续研究。

　　诚如卓南生所言："不满足于停留现状的研究是可喜的现象，但改变现状的最好方式不是简单地否定前人经年累月研究的成果，而是用扎实的个案研究去尝试展现新的范式，真正做到破在其中，立也在其中。"①

---

①　曹立新、杨帆、陈思思：《北大新闻学茶座（48）厦大新闻学茶座（14）卓南生、吴廷俊对谈："中国近代新闻史研究方法的再思考"》，《国际新闻界》2015年第12期。

燕安黛：挖掘晚清政治话语传播的
形成与影响

——以《只是空言：晚清中国的政治话语和上海报刊》为例

燕安黛（Andrea Janku）的著作《只是空言：晚清中国的政治话语和上海报刊》（*Nur Leere Reden：Politischer Dikurs und die Shanghaier Presse im China des Später* 19. *Jahrhunderts*），是海德堡大学汉学系中国新闻史研究的代表性成果。梳理这部著作以及课题组成员的其他成果，一方面，通过文本阅读分析对比其研究特点，了解德国学者进行中国新闻史研究的主要理论依据、研究视角与研究方法，对进一步提升我国新闻事业史研究的科学水平会有所帮助；另一方面，研究西方文化视野下德国的中国新闻史研究方法与成果，对中国新闻史学的进一步发展具有一定程度上的开拓性意义。

一 燕安黛及其研究成果

我们的主要分析样本《只是空言：晚清中国的政治话语和上海报刊》是这一系列研究的重要组成部分，其作者为燕安黛，现于伦敦大学亚非学院任中国历史学高级讲师。1987～1995 年，她在德国海德堡大学学习古典及现代汉学、社会学，1990～1991 年在上海学习现代中国文学，2002～2006 年为海德堡大学传统汉学副教授。

燕安黛曾发表过多篇关于中国晚清时期报刊与公共话语空间的文章。在 1996 年由上海市社会科学院和上海史研究中心共同举办的"近代中国城市发展史国际学术讨论会"上，燕安黛提交了《现代化都市的文人和知识分子的社会责任——试论〈申报〉主编上海黄协埙》一文，以"中国文人记者"黄协埙的生平为考察样本，分析了这一时期"文人"向"报人"转化的过程。① 燕安黛发表于 2004 年的论文《为革命话语提供基础：从经世文编到定期刊物（在十九世纪的中国）》着重探讨经世文和早期中文报刊之间的联系，考察了两者在时间、内容和风格等方面的关联，揭示出报刊论说与经世文的趋同性，以及革命话语对经世文的发展。②

《只是空言：晚清中国的政治话语和上海报刊》是燕安黛在海德堡大学东方学和古文化研究学系的博士毕业论文，2003 年由威斯巴登州 Otto Harrassowitz 出版社正式出版。该书包含上述两篇论文所探讨的主要内容，即晚清时期"文人记者"形象的个案分析，也包括经世文和早期中文报刊内容的趋同性分析，并在专著中着重探讨"论说"形式的发展，以此探究以《申报》为例的晚清报刊是如何介入中国公共空间，从而改变中国政治话语的传播模式。她认为，新报刊的创建以及论说的建立转变了言路空白的局面。

这一系列研究以跨文化视角将中国近代新闻事业的发展历程置于全球化进程中进行考察，并探究近代中国公共空间的构建，实则是受到了哈贝马斯公共领域理论的影响。

二　《只是空言：晚清中国的政治话语和上海报刊》研究框架及研究方法分析

（一）《只是空言：晚清中国的政治话语和上海报刊》研究框架分析

《只是空言：晚清中国的政治话语和上海报刊》一书除了第一章引言

---

① 《现代化都市的文人和知识分子的社会责任——试论〈申报〉主编上海黄协埙》，载张仲礼主编《中国近代城市企业·社会·空间》，上海社会科学院出版社，1998，第 272 ~ 295 页。

② Andrea Janku, "Preparing the Ground for Revolutionary Discourse: From the Statecraft Anthologies to the Periodical Press in Nineteenth – Century China," *T'oung Pao*, 2004, 90 (1), pp. 65 – 121.

外,主体由七个章节构成,作者为了探究 19 世纪晚期中国公共政治领域结构性发展的问题,从不同角度进行研究。围绕新报刊如何介入中国公共社会、论说如何介入晚清政治领域等问题,作者结合历史分析与话语分析方法,着重分析三大主题——报刊、报人和报纸文本。

第二章名为"中国文人与上海新报刊",作者重点关注《申报》创办人安纳斯通·美查(Ernest Major)的创刊历史和新闻思想、《申报》编辑——文人记者黄协埙的生平以及文人团体和他们的新报刊。从结构上可以看出,燕安黛将观察分为三个部分。第一部分是外商创报,她认为,美查是上海的第一位现代出版商,从他对《申报》的设想和《申报》发刊词中可以看出,他为"论"这一形式获得文化性成果创造了先决条件。第二部分,通过黄协埙的生平了解上海文人的生存状况和精神世界。燕安黛认为,黄协埙是 19 世纪末在沪文人记者的核心人物,也是 20 世纪早期政治新闻业转型的牺牲品。在第三部分中她提出,从 19 世纪开始,大量私人学堂建立,从客观上集结了文人学士,为维新运动时期华人创办新报刊做了准备。在关于中国文人记者的研究中,她提到,太平天国运动爆发后,扬子江下游的文人大量外逃,该区域的文化基础受到破坏,并观察在这一情况下,中国社会如何建立新的政治文化。她指出,上海的繁荣和先进在其中扮演了重要角色。同时,在这一过程中,现代报刊迅速地发展成为政治话语的新媒介,也正是因为报刊,上海成长为士文化的新中心,因此在多年战争后,被边缘化的文人能够回到政治文化中心,这使得文人有机会寻求途径将自己的意识传承下来。

燕安黛在她的著作中花了大量篇幅来研究晚清中国政治参与的重要形式——论说。第三章"政治论说:西方模型和中国模型",探讨在中国语境中"论说"形成的背景,她既关注到早期英美主导的宗教报刊和商业报刊为论说形成打下的基础,也关注到经世文学对新报刊的影响。在第四章"旧式'言路'与中法战争时期的新报刊"中,作者将 1884~1885 年上海报刊关于中法战争的论战作为例子,展示新媒介如何在既定言论机构之外发挥政治影响力。对《申报》"论说"模型和修辞的分析集中在第五章"修辞的网络:1898 年的改革论战"中。作者认为"论说"面临双重矛盾,它既存在于一种新的媒介公开语境下,又要继续受到半官僚机构中文学—政治话语的表达约束。①

第六章是"经世散文与新闻文体的趋同现象以及人民的新角色"，作者以三篇不同的文章为例，展示出维新文体的变化，同时注意到该文体对经世散文的继承，并从内容中分析出对"士"阶层态度的变化。从一开始将士看作国家之元气，认为清王朝所遭遇的国家危机是士阶层道德沦丧所造成的，到对士阶层的蔑视，从而不再呼吁重建该阶层的文化道德，最后到赋予"民"新角色，至此人民成为国家的新希望、报刊的新主角。

第七章是"朝代危机和改良的结束"。戊戌政变后，康有为、梁启超逃往国外，谭嗣同等人被杀，在此之后，慈禧太后进一步打击报刊。上海报刊在此过程中的生存状况以及报刊角色的转变是作者分析的重点。

在19世纪90年代，论说就作为政治话语的媒介建立了起来，也成为中国报刊的一个重要组成部分，但通过以上例子和分析可以看出，论说深受古文和经世散文的影响，记者的表达也受到束缚。

在第八章中，记者通过对建立报刊法的要求、江浙两省铁路权之争的例子提出论说发展成现代概念"社论"是在1907年，并分析了"社论"这一概念的建立和意义。

（二）《只是空言：晚清中国的政治话语和上海报刊》研究方法分析

下面结合实例分析燕安黛《只是空言：晚清中国的政治话语和上海报刊》一书的研究方法，并分析其对新闻史研究的意义，进一步打开中国新闻史研究的新思路。

1. 文本分析法

《只是空言：晚清中国的政治话语和上海报刊》一书，作者燕安黛采用的主要研究方法是文本分析法。文本分析法属于定性研究方法，是质化研究，旨在运用符号学、结构主义和语言学的分析方法来分析文本的结构与意义，对文本内容进行不断的挖掘，探索意义的不同解读方式和文本中所隐藏的意识形态的力量。

---

① 燕安黛《只是空言：晚清中国的政治话语和上海报刊》，哈罗索维茨出版社，2003，第11页。

燕安黛通过关注晚清时期《申报》等报刊及其文字产品，通过归纳总结，将零散的文本内容和细节进行分类和概念化，并找出这些刊物及文字之间的内在联系，进而得出研究结论。

　　例如，在《只是空言：晚清中国的政治话语和上海报刊》一书的第219页，燕安黛将道光年间翰林院庶吉士孙鼎臣《论治三》的结构及文字运用列表进行分析展示。

A	导论： 1. 谷物的比喻 2. 汉朝和宋朝的例子 3. 对现在的分析	对过度反应的警告 结论：过度反应的规律 士气缺乏，定义：士气＝国家之元气
B	1. 明朝的例子 2. 苏轼名言 3. 原因：明太祖的政策	明可以存在这么长时间，是因为明朝养成了蓬勃的士气。 太祖知立国之本（反问：那么满族皇帝呢？）
C	反对方的讨论： 1. 论者 2. 辩驳 3. 对清政策的分析	东林批判要为明朝衰落负责 如果没有正确的批判，明朝会灭亡得更早 明的政策产生了对士气的抑制效果，清的政策导致了士气的衰竭
D	总结 1. 对比：气—水 2. 类比：甘—上	对过度反应的警告 正如人们需要粮食以活命一样，国家要存在，需要的就是士

　　随后在230页将1898年5月19日刊于《申报》上的《论报纪凌辱斯文事》一文用同样的思路进行分析、展示。

A	1. 前提：士的一般角色 2. 他们实际上道德沦丧：古代—明/清—现在	士为四民之首，穷则教人，达则治人，人心不古，世风日下
B	1. 报道 2. 报道	知为斯文而辱之
C	讨论： 说者谓 然	罪魁祸首是有过失的 文人缺乏自尊心
D	结论 1. 关于罪犯 2. 关于文人 ——孟子引言	由于差役等人的专横跋扈，严苛的惩罚是合适的 被凌辱是咎由自取的 个人层面与国家层面的相关联系

通过分析与归纳，燕安黛发现了报刊论说与中国古代经世散文在结构和文字运用方面的内在联系：一方面，她提出可以"将19世纪末期的改良讨论视作治国散文与报刊媒介相结合的产物"，发现报章文体与治国散文的趋同现象；另一方面，她分析出两者的不同源于两类文体之间思维角度的差异，"孙鼎臣这样的作者……所关注的是士阶层的觉醒，以及自身的政治角色"①，但《申报》等报刊刊登的"论说"则逐渐注意到了士阶层的危机，形成了对士进行批判的概念。②

2. 比较研究法

比较研究分为纵向比较和横向比较。其中，"纵向比较"是新闻史研究中最常规的一种研究方法，指主体不变，以时间为轴，将单个事物与其过去某个时间节点的状态进行比较，意义在于比较同一事物不同时期的形态，认识其发展变化的过程，揭示其发展规律。而"横向比较"则是比较研究方法的扩展应用。它是"在不同国家、不同民族文化接触与交流的基础上，适应各国对自身全部历史活动进行总体把握的需要而产生的"。程曼丽认为，这一方法的意义在于有助于研究者拓展思路、开阔视野，有助于消除认识上的偏差，有助于增加研究深度。③有学者指出，新闻历史的横向比较研究，究其本质，理应包括三个层次：一是研究新闻系统中不同媒介之间的互动关系，二是研究媒介系统与社会系统的互动关系，三是研究新闻系统跨地域的互动关系。④

燕安黛在该书中充分利用了比较研究法，除了史学常见的纵向研究外，还包括横向研究。例如，尽管作者的主要观测样本为《申报》，但其在《只是空言：晚清中国的政治话语和上海报刊》一书中也大量讲述同一时期内《申报》与其他报刊的办报理念、文章思想的相似与不同。又如，1884年中法战争期间，针对"和平或是战争"的国家决策议题，《申报》与竞争对手《沪报》以及读者之间展开了一场激烈的争论。作者燕安黛通过分析比较认为，

---

① Andrea Janku, *Nur Leere Reden：Politischer Diskurs und die Shanghaier Presse im China des Späten 19. Jahrhunderts*（Wiesbaden：Harrassowitz Verlag, 2003），p. 206.

② Andrea Janku, *Nur Leere Reden：Politischer Diskurs und die Shanghaier Presse im China des Späten 19. Jahrhunderts*（Wiesbaden：Harrassowitz Verlag, 2003），p. 254.

③ 程曼丽：《横向比较：中国新闻史研究的新思路》，《新闻大学》1997年第1期。

④ 张昆：《横向发展——新闻史研究的新维度》，《新闻与传播研究》2004年第4期。

这一场论战说明了晚清中国新言论机构出现的必要性，以及报刊与中国公共意见领域构建的关系。① 再如，作者将中国论说与西方社论进行对比，将新报刊与士阶层进行对比，这一研究方法将中国晚清新闻史上"点"的问题提高到"面"的高度进行观察，找到个性之间共性的联系，既注重了个体的研究，又从个体中归纳总结出晚清中国公共领域形成的原因、发展和结果。

三 《只是空言：晚清中国的政治话语和上海报刊》的新闻思想研究

上文提到，围绕新报刊如何介入中国公共社会、论说如何介入晚清政治领域等问题，燕安黛结合了历史分析与话语分析方法，从主体来说，报纸、报社员工及其文学产品是其分析的重点。

（一）从"空言"到"舆论"——报纸作为公共意见载体参与政治进程

报刊在晚清的政治讨论中逐渐成为一个具有权威性、受尊重的机构，报上"空言"也开始受到政府、人民的重视，然而这一过程是充满了矛盾与冲突的。燕安黛对报纸参与政治进程的过程进行研究，从对下、对上两个大方向上观察到报刊功能的革新。

1. 于下，信息达民从而形成对既定机构的替代

1884 年，中法矛盾进一步激化，朝廷中分裂成两个派别：一些人支持中国继续开战，另一些人则支持签署和平条约。为防止朝廷政策制定受到干扰，慈禧在 1885 年 1 月中旬封闭"言路"，清议官员被迫保持沉默，直到 1885 年 6 月 9 日在天津签署和平协议，冲突得到正式解决后，"言路"才再次打开。在这个过程中，《申报》对战争不加修饰的报道成为人民可以参与公共讨论的一个重要因素。

---

① Andrea Janku, *Nur Leere Reden：Politischer Diskurs und die Shanghaier Presse im China des Späten 19. Jahrhunderts*（Wiesbaden：Harrassowitz Verlag, 2003），p. 98.

政治议题公开讨论的前提是信息的可接近，而《申报》则致力于满足这一条件。正如报馆的座右铭"有闻必录"，他们致力于细致的报道，并且尽可能地展示信息来源。例如，美查曾派一名俄罗斯战地记者到越南，让他积极获得一切来自官方的、非官方的、中国的以及西方的原始资料，不管是香港报刊上刊登的关于越南战况的报道，还是海员、商人的私人信件及目击者报道，《申报》都会刊登。该报尽最大可能接近现实。战争爆发之后，首次推出了号外，且通常都是表明信息来源，让读者自己评价报道的可信度和重要性。

而中法战争并非该报首次吸引大量注意力和受到广泛讨论的事件。在创办的第一年里，《申报》就已经有了关于"华工苦力贸易"的讨论。因此当1884年中法冲突尖锐化的时候，报纸早已是公共讨论的既定方式了。

燕安黛在对1884年1月至1885年3月《申报》上关于中法战争讨论文章的数量（包括读者投稿）进行统计后，提出了她的观点：这是第一次主要通过报纸对报道和评论的参与，在全国范围内引起公众广泛参与的讨论。①

由此，她将报纸视为"既定机构"的代替，这个既定机构即传统中国社会的"言路"。"言路"对于中国的政治文化一向具有重大意义。它代表一种向朝廷谏言的合法方式，能够保证"上下"的联络、政府和人民的交往。特别是在危机事件发生时，更要广开言路，保证充分利用国家批判的声音，特别是士的言论，以此来阐明弊端，维持一个"良好政府"的状况。在一般情况下，它是一种官方机构内部批评的制度化形式。

燕安黛认为，中国传统"言路"的控制权掌握在国家乃至个人手上：清政府既可以广开言路，同样也可以阻塞言路；皇帝可以宽宏大量地接纳谏言，也可以因为格式上的小小错误而拒绝请愿书。② 与此相反，政府对于上海的出版物并不能直接控制。这也可以解释为什么在康有为的请愿书被驳回后，在报纸上、新创建的改良杂志上，讨论仍继续发展，对改良的需

① Andrea Janku, *Nur Leere Reden：Politischer Diskurs und die Shanghaier Presse im China des Späten 19. Jahrhunderts* (Wiesbaden：Harrassowitz Verlag, 2003), p. 128.

② Andrea Janku, *Nur Leere Reden：Politischer Diskurs und die Shanghaier Presse im China des Späten 19. Jahrhunderts* (Wiesbaden：Harrassowitz Verlag, 2003), p. 3.

求得到进一步表述。

2. 于上，报刊作为"新国民"监督政府

在燕安黛看来，报刊参与公共领域的讨论是具有双重身份的，除了上述提到的传统"言路"的代替外，在面对政府时充当的是"新国民"角色。

燕安黛以 1907 年的铁路冲突权事件为例，认为报刊展示出其新角色以及出现了"国民"新身份，在这里，报刊作为社会交流和宣传动员的媒介，发挥了惊人的作用，同时，这一过程与"社论"概念的发展具有一致性。①

实际上，在梁启超 1896 年提出"耳目喉舌"论之前，古代中国的报刊就已在实际上形成了"耳目喉舌"的事实行为。吴廷俊教授曾提到，在中央集权制度下，国家机器利用刊行官报来保持运转，这是为了解决两个问题：第一是要达到"政令畅通"；第二是要做到"举国'听一'"。"刊行官报就是迅速传达政令的一条很好的渠道，也就是宣达皇权、统一行动最好的手段。"② "中国的古代官报……都是封建统治阶级为巩固自己的政治统治创设的舆论工具。"③

也就是说，尽管中国古代的报刊有一定程度上"耳目喉舌"的行为事实，但在其中占主要地位的官报是由统治阶级所掌握的舆论工具，而现代意义上的舆论是指公众舆论，强调的是私人对公共事务的关注和公开讨论。因此燕安黛认为，报刊首先担当了"新国民"的角色，从而促进国民意识的逐步觉醒。

在分析了 1907 年《中外日报》和《神州日报》上两篇关于争夺铁路权的文章后，燕安黛认为，这一时期报刊论说主要针对的是国家主权问题，与前一阶段以"大清帝国继续存在"为前提的讨论有了明显区别，并且报纸开始将人民视作一个集体，鼓励读者团结一致，赋予舆论以实际力量，实现与中央的抗衡。④ 显而易见，报刊以前追求的是上达型的垂直交流体系，但这个时期报纸演变为一种水平的交流工具，从而实现了社会动员新

① Andrea Janku, *Nur Leere Reden：Politischer Diskurs und die Shanghaier Presse im China des Späten 19. Jahrhunderts*（Wiesbaden：Harrassowitz Verlag，2003），P233

② 吴廷俊：《中国新闻史新修》，复旦大学出版社，2008，"绪论"第 4 页。

③ 吴廷俊：《中国新闻史新修》，复旦大学出版社，2008，"绪论"第 11 页。

④ Andrea Janku, *Nur Leere Reden：Politischer Diskurs und die Shanghaier Presse im China des Späten 19. Jahrhunderts*（Wiesbaden：Harrassowitz Verlag，2003），p. 344.

策略。

3. 在国与民之间，报刊构建沟通平台

燕安黛认为，报刊能够在这个时期介入公共空间，是因为报刊在这一时期构建了国与民之间的沟通平台，从深层次来说，她认为有以下几个方面的原因。

（1）基础：西方报刊媒介的传入

史学上认为，改良派创立的政治期刊出版物出现，才是真正意义上的"中国"出版物的开端。但燕安黛认为，条约约定的开放口岸，商业报刊早就创建了，它们也是作为政治工具运作的。① 在 1895～1898 年展开的改良讨论中，除了专门的改良派报刊外，早已建立的商业日报和传教士刊物也扮演了重要角色。她指出："清代的改革不是以 1898 年的百日维新为开端的，也不是以 1895 年改良派报刊的起始作为开端的，而是以在 19 世纪 70 年代，随着对西方报刊媒介的掌握，先进派在开放港口、在南方沿海省份将这些报刊作为公开政治交流的工具，从而使改革论断赢得了显著支持和动力为开端。"②

所以，按照燕安黛的观点，早期的传教士报刊以及商业报刊已经具有卓越的政治报刊形态。19 世纪早期，作为当时的一种新媒体形式的报刊由外国传教士在中国关口城市进行试运行，在 19 世纪后半叶，它在中国开始站稳脚跟，这种媒介在对外交流报道方面迅速赢得了稳固地位。

之后，中国的外国商业报刊创办，而后陆续也有中文的出版物创刊，首先在香港，之后在宁波，最后上海也开始创办。随着这些新型报纸的创办，一种关于政治议论的固定报道模式也开始建立，这些报道既不属于国家范围也不属于私人范围。上海作为一个经济繁荣的国际开放口岸，在江南范围之内，是中国文化的中心，几个世纪以来，从这里走出来的士大多在科举考试中取得了成就，这些条件为上海提供了经济和文化资源，更进一步说，为上海发展新的媒体形式提供了绝佳的环境。

---

① Andrea Janku, *Nur Leere Reden：Politischer Diskurs und die Shanghaier Presse im China des Späten 19. Jahrhunderts*（Wiesbaden：Harrassowitz Verlag, 2003），p. 3.

② Andrea Janku, *Nur Leere Reden：Politischer Diskurs und die Shanghaier Presse im China des Späten 19. Jahrhunderts*（Wiesbaden：Harrassowitz Verlag, 2003），p. 8.

简言之，燕安黛认为，西方报刊在华的发展成为报刊政治身份发酵的重要前提，随着西方教会报刊的发展以及商人将现代报刊引入中国，政治公开新形式的第一个条件成为现实。

（2）催化剂：政治意见表达的困境

在中国古代的现实政治生活中，朝廷官员在呈交请愿书和上书谏言时，存在强有力的管控机构，通过机构，个人的表达可能会被过滤、疏导。因此，这种机构内部的批判形式明显与现代"公共意见"的概念有区别。

正因为人们的批评和建议仅能通过官方途径才能被接受，也只有如此才能对现实政治施加影响，所以每一种私人的表达如果与国家范围内的主导话语体系有分歧，而它又能对公众产生影响力，那么表达者就会面临危险，会遭受迫害。这种危险在内忧外患的晚清时期进一步加强，因此燕安黛认为，政治意见表达机构面临日益严重的困境催生了作为公共话语空间的报刊。

将清议作为一种政治的异议来解读，并将之视为一种全新的力量，是晚清时期的一种新现象，而它最重要的媒介是报刊。如燕安黛提到的《申报》，它巧妙地避开了政治矛盾，就其形式来说，它算得上是政治公共舆论领域的非法声音，因为它公开地讨论有争议的话题，但同时又要求自身以严肃的态度向国家政治进程做出相关贡献。

这与其他海德堡汉学系学者的研究观点具有一致性。"在中国，外部和内部因素都在努力唤醒新的信息需求"①，国内外的政治冲突导致了原有的政治表达模式解体，从而让报刊介入公共领域并有了生存和发展的空间。

（3）保障：同一话语体系形成统一民族共同体

首先，报刊传播新思想，开民智，这使得报刊的讨论拥有更为广泛的群众基础，从而为舆论的形成打下基础。

燕安黛认为，基于改良议程，"中国如何富强"成为19世纪晚期的最大主题，这一时期，"老派"文人学士与"新文人"的利益相碰撞：经世文人所关注的是对现有体系的维护，洋务派则希望促进军事和工业的现代化，

---

① Andrea Janku, *Nur Leere Reden: Politischer Diskurs und die Shanghaier Presse im China des Späten 19. Jahrhunderts* (Wiesbaden: Harrassowitz Verlag, 2003), p. 5.

之后又与维新派进行辩论。在这个过程中，报纸作为论战媒介，传播了新思想。其中，最明显的是对"民"角色认知的变化。①

在 19 世纪中叶，人们普遍认为，国家的危机是与士阶层的危机紧密相连的，因此关注的议题是士阶层的觉醒，呼吁重建士阶层的精神道德世界。但通过在报刊上进行人民教育的一系列讨论，"民"的概念得到重新评估，人们提出要从智力和道德两个方面改善民的质量，以"新民"来代替士。②

其次，1895 年，进化论和社会达尔文主义在中国开始为人所熟知并得到广泛宣传。通过报纸，这些来自西方的新思想得到广泛传播，深入人心，甚至在 1898 年改良运动失败后，这些思想仍然持续发挥作用，也为后来的革命打下思想基础。

最后，报纸在民族主义思潮逐渐形成的过程中，扮演了重要的领导角色。根据本尼迪克特·安德森的研究，从 19 世纪开始，"印刷资本主义"导致了基本精神的形成，这样的精神为民族主义的形成奠定了基础。同时，报刊也成为一个民族中"想象的共同体"概念与共同特征之间的中介。通过阅读一份报纸，读者共享同样的时间、地点和语言。③

也就是说，报纸发展出了作为民族主义生产者的意义，不过人们对这一认识有争议，因为安德森将民族主义这一现代现象阐释为从西方引进的新东西，同时忽略了强烈的民族精神可以追溯到本地的、土著的"传统"。从这个意义上来说，中国的现代新闻学才是民族主义实践的工具，这一工具既是舶来的又是传统的。

燕安黛认为安德森的研究结果同样适用于晚清中国的状况，因为报馆聚集了由发行商和读者组成的共同体，他们发表关于国家危机状况的报道，话语体系显得相对单一，也可看出他们致力于与读者共建志同道合的共同体。而且，报纸从一开始就以"民族"问题、外国人在华的内政纷争、国

---

① Natascha Vinttinghoff, *Die Anfänge des Journalismus in China*（1860 – 1911）（Wiesbaden：Hrrassowitz Verlag, 2002）, p. 4.

② "士为四民之首"这一思想反映的是皇权社会的等级结构制度，维新派在讨论中提出民对士的代替，不只意味着两个阶级地位的改变，实际上也反映出君主立宪制度下国家核心力量的转移。

③〔美〕本尼迪克特·安德森：《想象的共同体——民族主义的起源与散布》，吴睿人译，上海人民出版社，2005，第 4 页。

际贸易和祖国在国际话语体系中的地位为主要话题，毫无争议，它要作为民族主义话语的传输介质。但是同时也应注意到，因为活跃于报界的人来自不同的社会阶层，所以"报"的产品从一开始就暴露在不同的利益之中，为解决危机所提出的建议也各不相同。也就是说，在以"民族主义"为统一核心的话语体系之中，各类报纸实际代表着不同的利益集团，传递着不同的价值观念。

（二）从"论说"到"社论"——公共政治话语体系的建立与发展

燕安黛认为报刊带给晚清中国社会政治讨论领域的结构性转型，主要是通过将"论说"打造成公共政治话语这一方式，因此《申报》等报刊能够填补当时"言路"的空白，改变中国自古以来的政治话语传播模式。燕安黛在《只是空言：晚清中国的政治话语和上海报刊》一书中用了大量篇幅来阐述论说的建立，分析论说的模型及其发展。

1. 论说建立

燕安黛认为，《申报》将"论说"作为英国市民报上"leading article"概念的中国等价物确立下来，最晚是在19世纪90年代初。同时她指出："追溯这种文学新种类时，总会提及政论、汉代的史论或史评……在1898年一份纲领性的文件中，'论说'还是被含糊地分类在传统古文中……它存在于文化混杂交融的地区，却试图用纯粹的传统中国文化框架去解释，这是不合理的。"① 她否认"论说"来源于传统中国文学种类，在这一思想的指导下，经过研究，提出西方宗教报刊和商业报刊为"论说"的建立奠定了基础。

实际上，在第一期《东西洋考每月统记传》上，就已经有了以"论"为题的小文章，但两篇"论"的表达皆为道德批判的表达。三十年后，美国基督教南卫理公会的传教士林乐知在上海出版了《教会新报》，前两年主要刊印圣经故事，后来也出现了涉及时事与政治的诗歌和文章，其英文目

---

① Andrea Janku, *Nur Leere Reden：Politischer Diskurs und die Shanghaier Presse im China des Späten 19. Jahrhunderts*（Wiesbaden：Harrassowitz Verlag, 2003）, p. 51.

录中称这部分为"leading article"，但中文目录中并无对应的词语。

后来被称作"论说"的这类文章，最初是《北华捷报》（*North - China Herald*）的一个组成部分。①

《北华捷报》是上海第一份现代商业报刊，该报头版版面位置留给广告和教堂公告、讣告、会议通知、来港船只广告及领事馆声明等内容，论说通常出现在第二页，基本没有标题，包含了编辑对当前时事发表的提示和解释，或是对报纸上刊印的重要新闻和信息发表评论。但《北华捷报》的问题在于，它是一份英文报刊，所针对的多是外国侨民，也在一定程度上反映英国政府的立场和观点，因此论的形式并未得到普及。但不可否认的是，"在中国官方机构以及半官方机构之外，出现了一个在公开场合谈论政治问题的机构，这可谓开了先河。以《北华捷报》为代表的报纸，也为后来非官方机构政治进程提供了范例"。② 这种交流结构在水平上，表现为运用"editorialen Wir"（我们编辑）这类词强调自己是站在大众的立场之上，凝结读者利益；从垂直结构上来说，报纸希望能针对政治问题向政府提出建议。

通过对早期出现在中国大陆的报刊进行梳理，燕安黛认为，《申报》的美查是中国"论说"形式建立的先驱者，原因有以下几点。

首先，《申报》多聘请中国人，在编辑发行的过程中将意识形态和政党利益排除在外，将商业利益放在首位，这使得《申报》的读者群较以前的报刊得到扩大，也更容易吸引读者寄送稿件，发表观点。

其次，该报每日将论说登于头版。第一年，读者寄送的稿件大多涉及公共道德，如论及卖淫、鸦片、赌博、贩卖苦力等伦理问题；接下来的几年，关于政治话题的文章份额增加，题目多包含"引""论""说"。1892年，英国著名汉学家翟斯理在字典中将"作论"解释为"书写社论"，以此确立了论的新意。

最后，《申报》的"论"以信息为基础，强调独立报道。从1874年的

① Andrea Janku，*Nur Leere Reden：Politischer Diskurs und die Shanghaier Presse im China des Späten 19. Jahrhunderts*（Wiesbaden：Harrassowitz Verlag，2003），p. 63.

② Andrea Janku，*Nur Leere Reden：Politischer Diskurs und die Shanghaier Presse im China des Späten 19. Jahrhunderts*（Wiesbaden：Harrassowitz Verlag，2003），p. 63.

日本入侵台湾事件到 1884 年的中法战争,《申报》一直坚持准确的、未经美化的报道,而且通过电报传送诏书,迅速刊印,保证了信息的时效性,从而保证论的质量。

简言之,燕安黛认为,从内容、版面和受众群来说,《申报》将"论"提高到了一个史无前例的重要位置。刊登"论"的意义在于,将只出现在官僚机构内部的政治讨论公开化、公众化,这使得该报在上海开创了中国新闻与公众批评的新时代,在民间出现了一种日渐成熟的政治交流形式。

2. 论说模型分析

论能成为可被接受的讨论对象,与它的形式密不可分。燕安黛通过分析大量报刊文体发现,从结构上来看,中国语境下的报刊论说具有形式化表达:起承转合——导言、说明、对照和总结。

她在分析中发现,导言部分多为对古代经典文本的引用,这是为了证明作者的观点与正统价值观相吻合。例如,在 20 世纪之前的十年关于立宪的讨论中,最受欢迎的两大引言来源是《孟子》和《尚书·洪范》。在说明部分,要对圣人的话进行展开,从中提炼出一种观点,也就是作者的论点。紧接着转变口吻,作者对自己的论点进行论证,这是文章的主要部分。在总结部分要得出结论,并与开头的引文相呼应。

"过去与现在的对比也是论的一种标准开头形式"。例如,《阅本报纪仕途须知一则推广论之》一文写道:"古之仕者以行道,今之仕者以梯荣,古之仕者以立功,今之仕者以牟利,古之仕者以勠力于君国,今之仕者以自肥其身家。"① 作者将具有价值和理想的"古"与堕落、追求物质利益的"今"相对比,类似的表达也常见于大量古文典范作品以及皇朝经世文编中。夏商周三代文化繁盛,秦始皇之后开始衰败,这样的对比模式与引用古文、历史典故一样,都属于批判性表达的语言编码方式。在晚清文章中,隐藏在文本背后的并非"一种崇高的政治理想"②。也就是说,对黄协埙以及他的同事来说,使用该表达模式,也许并非出于对重塑古代文化巅峰这

---

① Andrea Janku, *Nur Leere Reden*: *Politischer Diskurs und die Shanghaier Presse im China des Späten 19. Jahrhunderts* (Wiesbaden: Harrassowitz Verlag, 2003), p. 163.

② Andrea Janku, *Nur Leere Reden*: *Politischer Diskurs und die Shanghaier Presse im China des Späten 19. Jahrhunderts* (Wiesbaden: Harrassowitz Verlag, 2003), p. 164.

一理想的执着，或是因为对现世的极端失望情绪，运用惯用语句主要是为了确认自己和正统思想站在统一战线。

据其观察，在 1898 年的改良热潮中尤其多见的评论主要有两种类别：诏书评论和消息评论。首先，诏书的评论也具有上述相似表达，在一定程度上保持了皇帝官方通告的程序化特征。在 1898 年 5 月至 10 月，出现了十三篇以"恭读（……）上谕谨注"为题的文章。《申报》上诏书评论的特别之处在于，它使诏书无删节地与论说成为一个整体。在封建社会中，皇权拥有绝对尊严，禁止公开争论，因此对诏书的批判只能保持一种不明言的状态。利用诏书的评论，记者主要是替当局履行了"向下彰显帝王美德"的职责。①

在消息评论上，记者则能充分发挥主动性。消息评论的题目通常为《论报纪……事》《阅报纪……推广论之》《越……引申言之》《读……有感而书》，如果是涉及某份文件，则为《书……后》。消息评论在很大程度上不受经典引文的束缚，在提出观点或建议时，使用代词"吾"——和《北华捷报》"我们编辑部"的用法类似，增强对读者感情的凝聚力。此外，消息评论最后常常变成一种自我反思，结束于对中国状况的控诉，以及对"当局者"的建议。②

燕安黛还观察到"论说"中有一种符合现代情况的修辞手法——佩尔曼在他的论证理论中将之称为"伪推论"。具体有两种主要表现形式：第一种，在论证自己的观点时，提出"论者谓"，再从作者角度来"释其惑"，以传递"说者"或"执笔人"的观点；第二，"教育谈话"，在《孟子》《管子》等不计其数的经典著作中都可以看到，这些对话通常从学生对老师的咨询开始，或是王侯就某个问题向言官发问，这类伪推论以设问开篇。"从修辞学来看，伪推论制造了一种假象，那就是自己的观点在讨论中形成，并经过了反对意见的考验。"③

① Andrea Janku, *Nur Leere Reden： Politischer Diskurs und die Shanghaier Presse im China des Späten 19. Jahrhunderts*（Wiesbaden：Harrassowitz Verlag, 2003），pp. 169 - 176.

② Andrea Janku, *Nur Leere Reden： Politischer Diskurs und die Shanghaier Presse im China des Späten 19. Jahrhunderts*（Wiesbaden：Harrassowitz Verlag, 2003），pp. 176 - 179.

③ Andrea Janku, *Nur Leere Reden： Politischer Diskurs und die Shanghaier Presse im China des Späten 19. Jahrhunderts*（Wiesbaden：Harrassowitz Verlag, 2003），p. 180.

论证除了平衡、严谨的结构以及保守的语言使用外，也包含了文学元素，其中对比与类推具有重要的地位，例如，"窃谓，中国日今时势，譬尤数抱之树，形质徒具，中心已亏，偶有萌蘖之兴，壅之培之，尤惧不克长养，若再加以摧折，生机不将因之绝乎"一句，将中国的状况比作"数抱之树"，对下文揭示弊病做了形象生动的铺垫。①

燕安黛将 1898 年的报刊文本作为"论说"模型分析的样本，是因为"旧"《申报》上受政府批准的改革讨论在该年达到最后高潮。美查早已离开中国，黄协埙是当时《申报》的编辑，他深受中国古文及经世风格影响，向政府发出呼吁的模式也是在此时确立的一种公式化的表达形式。之后，这种模式又机械化地为更多记者采用。同样，在 1898 年的改良讨论中，论的表达始终和呈书的口吻一致，由此可以看出，不论是激进的改良派，还是普通的读者，他们所希望的都是自己的批评建议可以"上达"政府，这种表达的矛盾之处在于媒介始终是一种要面向公众进行广泛传播的工具。随着改革的失败，异议被激化。20 世纪初报刊进一步多样化，这些报纸面临语言和风格上的革新，《申报》最终也被迫进行改革。

3. 从"论说"到"社论"：政治社评的现代表现形式

德国著名汉学家鲍吾刚先生也曾对"社论"有所观测，他在关于中国日报的研究中写道，"（改良后的新）《申报》'在 1905 年 2 月 7 日首次刊发社论'"②，但燕安黛通过对"社论"一词内涵的研究以及对同时期其他报刊的梳理发现，"社论"这一现代概念首次运用是在 1907 年 1 月 5 日，最初引入该概念的是《时报》，《申报》刊登真正意义上的"社论"实际上是在 20 世纪 40 年代。随着《时报》的创建，时评以及短评等不同形式得以引入，评论形式变得多样化，也包括幽默小文和讽刺漫画，文体上也越来越口语化。《时报》在它的栏目标题上将"社论"和"论说"明显区别开来。前者必须来自编辑，代表着报纸的权威立场。在"论说"（偶尔也叫"代论"）栏目下，则刊登外部人员的文章。

---

① Andrea Janku, *Nur Leere Reden*: *Politischer Diskurs und die Shanghaier Presse im China des Späten 19. Jahrhunderts* (Wiesbaden: Harrassowitz Verlag, 2003), pp. 198 – 199.

② Andrea Janku, *Nur Leere Reden*: *Politischer Diskurs und die Shanghaier Presse im China des Späten 19. Jahrhunderts* (Wiesbaden: Harrassowitz Verlag, 2003), p. 248.

事实上，"社论"这一概念来源于日本的"社说"，它由激进的改良派和革命人引入中国，现代中国"社论"的概念是日本"社说"与中国"论说"的融合体。"社"这个新概念指的是一个集体，通常情况下是指报社，且该字代表了社会本身。因此，《时报》的"社论"是一种编辑代表社会发表见解的行为，而"论说"则更多的是读者来信。

《时报》引入现代"社论"概念，实则为报刊政治评论创建了新的格局："《时报》的社论是无党派的，主题为国家、社会之重大问题……使得报纸成为一种适宜于推动社会进步的媒介。《时报》……的新外观和形式为已建立的《申报》《新闻报》提供了范例……随着《时报》的发行，中国'现代'报刊的样式得以确立。随之而引入的'社论'，也让新的社会力量在中国公众领域中获得象征性地位。"

也就是说，从"论说"到"社论"的转变，实现了公共话语体系的转型，编辑意见形成了对舆论具有影响作用和领导作用的有力评论形式。

（三）从"文人"到"记者"——晚清报人政治意识的觉醒

在中国政治历史上，"言责"是儒家官员最重要的任务，在实际政治中，最直接，也是唯一符合标准的正式言路就是官员书写、呈递请愿书。所以"清议"被理解为一种道义上的批判，其批判基础是对个人的道德评价，这样就导致它无法客观表述批评和建议，甚至逐渐退化成为政治机会主义的工具。①

作为政治媒介，报刊基本上在两个方向上活动，一是"上达"政府，二是强有力地影响读者。在此过程中，文人的记者意识开始觉醒，这是报刊介入公共话语空间的必要前提，也是必然结果。

1. 文人记者形象重构

晚清时期的新闻从业者是一个复杂的群体，他们要将本土知识体系与西方传入的新兴技术进行结合、转化，并以新的方式将这些知识带给公众，这意味着他们既要有传统的思维框架，又要具备很强的跨文化交流能力，

---

① Andrea Janku, *Nur Leere Reden*: *Politischer Diskurs und die Shanghaier Presse im China des Späten 19. Jahrhunderts* (Wiesbaden: Harrassowitz Verlag, 2003), pp. 88 – 91.

但"记者被妖魔化、丑化，或者被认为是没有受过教育、不称职、无用的人，这种刻板印象，在几乎全世界所有的报纸文化中都能见到"[1]。

费南山认为，这是因为记者担负着对社会公共舆论进行评论的职责，所以其地位一直饱受争议。记者既是"无冕之王"，又被妖魔化，她认为对记者这一形象刻板的史学认识是需要修正的。

以19世纪末在沪文人记者的核心人物黄协埙为例，他是《申报》的第三任主编，同样也是20世纪早期政治新闻业转型的牺牲品[2]，燕安黛在著作《只是空言：晚清中国的政治话语和上海报刊》的第二部分通过黄协埙的生平剖析了上海文人的生存状况和精神世界，提出对文人记者形象及生存状况的重构——早期报人由不得志之文人构成的传统认知与现实有所偏差。

她提出，随着上海成为"另一个中国"的形象代言，它对于那些在太平天国运动后被边缘化的江南之士越来越具有吸引力，文人是有意识地选择了上海。

在这些吸引力之外，现代印刷活动和出版物的发展为他们一方面提供了物质条件，另一方面提供了精神条件，在他们选择上海作为第二故乡的过程中起了重要作用。事实上，在这些低等级文人的传统环境中，他们能获益的最大活动范围是参与法律诉讼——作为"讼师"。这些活动从中国传统道义上来看，是处在政治的边缘地带的。与此相反，在报刊编辑部工作再次将文人的天职和目的带回他们身边了。

上海不仅是一个"国际化的现代都市"，也是中国耻辱的印记，与那些文人主要来自的"传统村庄或小城镇环境"不同，上海提供了一种讨论国家命运问题的可能性，尽管只是在小范围之内的可能性。在19世纪80年代，上海对那些视社会责任与政治责任为己任的优秀分子来说具有十足的吸引力。随着他们做出到上海的决定，他们便踏入了社会的新中心，政治活动的积极性也随之增加。

---

[1] Natascha Vinttinghoff, *Die Anfänge des Journalismus in China* (*1860 - 1911*) (Wiesbaden: rrassowitz Verlag, 2002), p. 10.

[2] Andrea Janku, *Nur Leere Reden: Politischer Diskurs und die Shanghaier Presse im China des Späten 19. Jahrhunderts* (Wiesbaden: Harrassowitz Verlag, 2003), p. 33.

她的这一思想也体现在其论文《现代化都市的文人和知识分子的社会责任——试论〈申报〉主编上海黄协埙》中，相较传统上认为失意文人才会选择做记者不一样，她认为报纸是"都市文人的游戏场"，是其社会交往的一个重要园地；报纸也有准官方的文化借用，如文人在报刊上参与议论国家大事，发挥着"新式言官"的功能。①

2. 文人记者精神剖析

"政治危机急剧地缩小了清议的意见范围，因为有人敢冒险向皇太后进言或是警告实属罕见。决策过程的结果是严肃的，文人学士意见的强烈程度和一致性的比例是受到限制的。"②

"士为四民之首"——这个源于《圣谕广训》的表述在"社论"中总可以看到，文人记者将之视为必要条件，对于自己的社会角色他们一再保证：在文化中，学者们被视作文化完美的看护人，他们为天下无私地负责，在现代语境中，他们也被视作中华民族的救世主。正如一篇题为《秀才以天下为己任说》的文章所表达的那样，范仲淹的箴言"先天下之忧而忧，后天下之乐而乐"已经成为中国知识分子至今仍坚守的政治认知。这种将文化历史视为天职的英雄式表达，成为文人选择做记者的理由。

《点石斋画报》曾讲述过一位法国记者因为坚持公正报道而惨遭杀害的故事，其不畏权贵、不顾后果传播真相的形象与所谓的"正直"官员形成了对比，但他却遭到法国当权者的杀害，他的遭遇成为中国政治现实的象征。③文人记者普遍认为"言责难尽"，国家最大的问题在于官员沉迷于自己的利益和事业，因此需要一个新的独立机构来接管其工作，这个新机构必须敢于直言，并独立于权力机构，不用考虑仕途和政治机会——而报刊正好能填补这个缺口，记者也能尽新言官之责任。

社会和经济的改变导致了新的社会精英阶层的形成，他们开始用新的品质来定义自我，也就是说，无关经济资产，也无关传统定义上对权力的

---

① 周婷婷、郭丽华、刘丽：《海德堡大学汉学系早期中文报刊研究概况》，《新闻大学》2007年第 3 期。

② Andrea Janku, *Nur Leere Reden：Politischer Diskurs und die Shanghaier Presse im China des Späten 19. Jahrhunderts*（Wiesbaden：Harrassowitz Verlag，2003），p. 89.

③ Andrea Janku, *Nur Leere Reden：Politischer Diskurs und die Shanghaier Presse im China des Späten 19. Jahrhunderts*（Wiesbaden：Harrassowitz Verlag，2003），p. 92.

渴求。这些新的社会角色在传统的垄断性交流体系中寻找空间，在新的媒介技术发展进程中展现自我。

综合燕安黛的著作《只是空言：晚清中国的政治话语和上海报刊》，论文《为革命话语提供基础：从经世文编到定期刊物（在十九世纪的中国）》以及《现代化都市的文人和知识分子的社会责任——试论〈申报〉主编上海黄协埙》，可以发现她提出了以下观点。

《申报》在晚清时期通过参与政治讨论建立起了国家政治事务交流平台，从而介入晚清中国政治公共领域。首先，它做到了信息达民，从而形成对既定机构的替代；其次，它引发讨论，扮演"新国民"角色，实现对国家政治事务进程的监督。

燕安黛认为晚清中国社会政治讨论领域的结构性转型，主要是通过报刊将"论说"打造成公共政治话语这一方式，从而使得《申报》等报刊能够填补当时"言路"的空白，改变中国自古以来的政治话语传播模式。

燕安黛还重构了晚清文人记者的形象，认为他们并非常规想象中落魄不得志的形象，而是具有文人担当地自觉选择了这一职业，并在传统的垄断性交流体系中寻找空间，在新的媒介技术发展进程中展现自我。

这一思想与费南山的研究也有相同之处。费南山在其著作《中国新闻事业的起源（1860—1911）》中提出，早期中文新闻报刊的研究存在一些通行看法需要修正，其中之一就是早期报人地位低下，素质不高；之二是以出版社经营人员的国籍将报刊定位为"外国报刊"与"中国报刊"，也意味着"不爱国"与"爱国"、"保守"与"进步"的简单二分；之三是梁启超办报之前，报刊内容单调，多刊登奇闻逸事吸引注意力，缺乏真正的政治影响力。

海德堡大学汉学系研究成果评析

燕安黛的《只是空言：晚清中国的政治话语和上海报刊》是海德堡大学汉学系的代表作之一。本文将综合《只是空言：晚清中国的政治话语和上海报刊》及其他海德堡大学汉学系中国新闻史研究成果，客观、全面地认识海外中国新闻史研究的优势及不足。

一　海德堡大学汉学系系列研究的特点及启示

燕安黛及其同期研究者在大量搜集、分析一手材料的前提下，以新闻意识主导新闻史研究，并在文献的支撑下得出一系列独树一帜的研究成果。本节将结合实例，具体分析其研究优势及特点。

（一）一手材料翔实、完善

出于政治、社会等多方面原因，学者很难直接接触到晚清时期日报的原始文本。例如，《循环日报》创刊前十年的报纸，现存的只有 1874 年 2～8 月的、1880 年 2～6 月的以及 1883～1885 年的，十分不完整。此外，截至海德堡大学汉学系系列研究成果面世，上述提到的几年间的报纸仅被报刊史学家卓南生在英国图书馆发现十多年，这意味着到当时为止，大多阐述已经不能够由第一手资料所支持了。

对报纸文章语境很重要的首先是当代中国的、外国的报纸，因为在多数情况下，第一批报纸相互之间存在着稳定的对话和互动，如果没有其他报纸对应的参考或是反对文章的相互呼应，许多文章的内容往往无法理解。

但有时向其他与之对应的报纸寻求支撑也有困难。例如，与《循环日报》同时期的《华字日报》（1872～1941）1872～1895年的全都丢失，《中外新报》（1858～1918）也是如此。

但海德堡大学汉学系的研究突破困难，尽量多采用一手资料，这是因为相比国内学者，他们有条件利用更多渠道。例如，晚清时期大多在中国工作的外国人出于种种原因要向上级或是公司提交报告，所以目前能在国外资料里面找到大量关于晚清中国报馆的信息，可以看到关于报纸上讨论、论战的详细资料。首先，费南山明确提到办公室公共记录文件的运用。例如，在FO和CO办公室里的文件都含有关于上海和中国其他大城市社会政治生活的宝贵信息。此外，由于传教士和记者之间的密切合作，教会也能够提供报纸创办、销售和讨论的关键数据，如伦敦传道会的档案馆有有关宗教印刷物经营、买卖的丰富数据，伯克利的傅兰雅档案馆则有这些上海记者和翻译家们信件往来的全面收藏。1877年和1890年教会的详细记录，或是如"广学会"这类的传教团体的报告同样能够提供参与其中的积极活动家的地位和角色信息，或是在他们关于时事讨论的介绍中，展示出参与报刊市场的人员面对时代问题的眼界。

此外，海德堡大学汉学系系列研究中，作者们尽力避免报刊历史的简单分类，这也是为了能够呈现报馆活动的复杂图像，所以他们的研究组合使用了相对不同的源材料。

正如燕安黛《只是空言：晚清中国的政治话语和上海报刊》一书所示，其主要研究的问题是《申报》如何填补晚清时期的言路空白，但她并未局限于此，而是大量阅读、研究同一时期的其他报纸，如《东西洋考每月统记传》等一系列宗教报刊及《北华捷报》《沪报》《新闻报》等报纸的发展情况，进行了横向比较分析，甚至观察到同一时期英国《泰晤士报》是如何评论中国公共社会的裂变的。可以说，该书的研究并非孤立、表面的研究，而是将研究对象置于历史背景之中，多维度观察晚清时期中国社会的变化。作者在书中展示了《论言责之难尽》《论时势之岌岌》等五篇《申报》文章，一篇孙鼎臣的文章《论治三》和两篇来自《新闻报》的论说《愤录范睢传》和《论康有为》的原文和译文，并对大量中国报刊上刊登的论说进行部分翻译，在这些译文的基础上进行分析研究，佐证自己的观点。

正如海德堡大学学者费南山在《中国新闻事业的起源（1860—1911）》一书中所言："要研究'新闻领域'中的多种关系，仅观察报纸文本是远远不够的。"[①] 她认为，"对重构报馆操作模式非常有帮助的是个人札记、信件或是记者及同时代人的回忆录"[②]，如王韬的日记和信件集，中国第一个（官方）驻欧洲大使的旅行日记，或是李提摩太等传教士的私人信件等，这些都是她著作的参考材料。

同时她也提出，要谨慎处理个人对报刊活动的不同叙述，因为不同的作者有不同的立场和意图。也就是说，她辩证地认识到了，以旁白形式存在的个人记录包含对时代的丰富说明，包含有关报纸物质产品及编辑组成人员的重要信息，但同时也意味他们对于报馆意义和作用的介绍无法非常"客观"。[③]

从上述分析可以看出，作者为了研究相关话题阅读了大量一手资料，进行了大量研究，并且辩证地去伪存真，从而使自己的研究更真实可信。

（二）问题意识主导新闻史研究

新闻史不应该只是以"流水账"的形式存在，倘若只停留在历史轴线上的叙述之中，新闻史的研究就只会是材料和数据的堆积，因此研究者需要对材料的内在逻辑进行详细的分析，揭示其隐含意义。

要在新闻史料中梳理出其内在逻辑，需要大量阅读原始文献，从研究对象出发，借助其他理论，从社会学、传播学等视角进行多维度的观测，带着问题去研读史料。正如燕安黛在《只是空言：晚清中国的政治话语和上海报刊》的引言中所说，她以1884～1885年中法战争中《申报》的建言献策和1898戊戌变法前后的《申报》改良话语为分析样本，在阅读资料后提出以下问题：《申报》是如何构想并建立其作为国家政治事务探讨平台的角色的？随后以问题为导向，剖析了《申报》赋予其"监督"功能的过

---

① Natascha Vinttinghoff, *Die Anfänge des Journalismus in China* (*1860 - 1911*) (Wiesbaden: Hrrassowitz Verlag, 2002), p. 10.
② Natascha Vinttinghoff, *Die Anfänge des Journalismus in China* (*1860 - 1911*) (Wiesbaden: Hrrassowitz Verlag, 2002), p. 13.
③ Natascha Vinttinghoff, *Die Anfänge des Journalismus in China* (*1860 - 1911*) (Wiesbaden: Hrrassowitz Verlag, 2002), p. 18.

程等。

再如海德堡大学汉学系另一部具有代表性的著作《中国新闻事业的起源（1860—1911）》，其目的在于介绍 19 世纪中国社会变迁时期现代中国新闻主义的形成，在前言部分，作者也强调指出研究所着眼的问题是依层次推进的。① 费南山基于文本研究的是新闻领域的活动，包括新闻从业者的相关特征及其社会背景、报刊生产的技术条件、新闻文本的形式、新闻工作的专业程度与晚清社会的政治讨论等。一方面，费南山试图探究生产过程中的物质和经济问题，也就是报纸是如何制作的；另一方面，费南山关注了报纸象征性价值的生产过程，也就是报纸是如何提供价值的，同时探究报纸在晚清的政治讨论中扮演了什么样的角色。

另外，梅嘉乐的《一份中国的报纸：上海新闻媒体的力量、认同和变化（1872—1912）》关注的是：作为一份"外来报纸"，《申报》如何让中国读者接受它的风格？《申报》在一定程度上实现了本土化后，如何参与其中国身份的建构之中？在她研究着眼的四十年间，相关情况是如何变化的？②

正因为以问题意识主导新闻史的研究，并灵活进行横向对比分析研究，海德堡大学汉学系才能在中国新闻史的研究中实现多维度观测，提出许多独树一帜的观点。

（三）不局限于通论

上述评析中提到，因为难以查询到原始文本，截至目前，对于首批日报历史的研究，很少用报纸读物本身来证明，更多的是用通行的二次文献来支持研究。这也可以解释，为什么在这些二次文献中，关于报馆的时间轴以及人员的数据总是会找到不同的信息。这也往往意味着在叙事性说明和数据的补充中长期存在一些通行看法，比如学者偏爱把报刊史写成"通史"，上文提到的表述方式正是来源于此。费南山认为，其中最具有权威

① Natascha Vinttinghoff, *Die Anfänge des Journalismus in China* (*1860 - 1911*) (Wiesbaden: Hrrassowitz Verlag, 2002).

② Barbara Mittler, *A Newspaper for China? Power, Identity, and Change in Shanghai's News Media*, 1872 - 1912. (Cambridge: Harvard University Press, 2004).

性，也是最多引用来源的主要是 1927 年出版的戈公振的《中国报学史》，而方汉奇先生在新闻史研究方面也被看作戈公振的接班人，他进一步推进了这种"通史"的研究，他的研究比起戈公振来说明显更为细致。

从西方汉学家的角度来说，戈公振可以说是 19 世纪中国报业建立的权威模范。白瑞华（Roswell S. Britton）的《中国近代报刊史（1800—1912）》是以西方语言研究中国报纸最常见的一本著作，他在序言部分也提到，戈公振的研究对他的书形成了强有力的支撑。[①] 海德堡汉学系主任瓦格纳则提到，对《申报》早期发展史的研究存在一些定论，其中的一点是，此前的研究者普遍认为晚清时期官场上下之人对外商创办的《申报》怀有敌意，因此读者对其刊载的内容没什么兴趣，这种状况是到梁启超之后才有所改善的。[②] 他还提出，戈公振所著的《中国报学史》为支持这种论调提供了丰富的资料和素材，而戈公振的著作所采用的材料大多来源于《最近之五十年——申报馆五十周年纪念册》及《上海闲话》这两部逸事汇编。因此，在他看来，戈公振是将其中一个缺乏真实性的故事编成了一种带有学术意味的观点，也就是后来多为学者反复引证的观点——早期的记者不过是由一帮名卑位低的落榜举子组成的乌合之众。[③] 但燕安黛、费南山的研究驳斥了这种观点的可能性，她们的研究实现了对晚清时期记者地位、《申报》局面的重构。

尽管对瓦格纳的这一观点仍有争议，但总而言之，如果新闻史仅仅依靠二次文献来支撑研究，会使得新闻史的研究存在一些通行看法，而正因为海德堡大学汉学系多采用一手资料，所以提出了一些新颖观点。例如，在中国，现代报刊的引进通常被看作西方文化商品以及信息技术的进口和接受，这些通行研究关注到的，是面对媒介技术带来的挑战，中国有何反应，又是如何在模仿中赢得了"新的现代"身份，这样的观测方式基本上是在"刺激—反应"模式下进行的，忽略了接受者的主动性和创造性的行

---

① 白瑞华在其专著《中国近代报刊史（1800—1912）》一书的引言部分有如上阐述。
② 瓦格纳在其论文《危机中的〈申报〉：国际背景下的郭嵩焘与〈申报〉之争》中有如上表述。
③ 瓦格纳在其论文《危机中的〈申报〉：国际背景下的郭嵩焘与〈申报〉之争》中有如上表述。

为。此外，还忽视了通过社会积极分子在土著文化之间产生连接点的多种可能性。①

但在海德堡大学汉学系的研究中，他们提出了中国方面在西方文化影响下积极参与进该进程的观点。

再譬如，燕安黛提出了一些独树一帜的观点。学界普遍认同的是，《申报》为了达到盈利目的，进行了一系列改革，以满足各方面读者的需要，从而扩大发行量，其中最重要的一项是改革言论。"以往商业报纸重商业行情，忽视言论，视之为可有可无，从香港的《中外新报》到上海的《上海新报》都是如此。而《申报》认识到言论的重要性，认为言论'有系乎国计民生'，'上关皇朝经济之需，下知小民稼穑之苦'（《本馆条例》，1872年4月30日《申报》）。所以，《申报》不但每期必有言论，而且置于首页，引人注目……《申报》的言论有一个显著特点，就是重视与社会实际生活的联系。"② 燕安黛也证明了《申报》是晚清时期"论说"最初的确立者，但她还继续往前探究，提出英美宗教报刊和商业报刊的模范作用，颇具创新性。

国内外学者都注意到"论说"这一政治参与形式在晚清社会的重要作用，燕安黛也以"论说"为切入点，探究报刊如何在晚清中国社会填补言路的空白，讨论中国早期的公共领域问题。她的创新点不仅在于梳理了"论说"的建立和发展历程，还在于通过对报刊文章结构、修辞等方面的详细分析，提出随着政局的加速演变，经世文体与新闻大众媒体（报纸）发生了密切关系，出现了跨越文类的现象，指出报纸"论说"文章与经世文的趋同性，并进一步总结出晚清中国报刊"论说"的模型，为我国新闻史研究提供了详细参考。

此外，燕安黛在书中提到，"鲍吾刚（Wolfgang Mohr）在关于中国日报的研究中写道，（改良后的新）《申报》'在1905年2月7日首次刊发社论'"③，但她通过对"社论"一词内涵的研究以及对同一时期其他报刊的

---

① Natascha Vinttinghoff, *Die Anfänge des Journalismus in China*（1860 – 1911）（Wiesbaden：Hrrassowitz Verlag, 2002）, p. 8.

② 吴廷俊：《中国新闻史新修》，复旦大学出版社，2008，第43页。

③ Andrea Janku, *Nur Leere Reden*：*Politischer Diskurs und die Shanghaier Presse im China des Späten 19. Jahrhunderts*（Wiesbaden：Harrassowitz Verlag, 2003）, p. 248.

170

梳理发现，最初引入"社论"概念的是《时报》，《申报》刊登真正意义上的"社论"实际上是在 20 世纪 40 年代。鲍吾刚是德国著名汉学家，出版过 16 部专著并发表论文 69 篇，被认为"为学生打开了认识中国历史与哲学、道教与佛教、文化与文学的大门"。[①] 但燕安黛并未因为鲍吾刚先生的学术地位而受其观点的桎梏，而是通过严谨的研究提出了新的观点和合理质疑，为进一步推动德国汉学发展做出了贡献。

二　海德堡大学汉学系系列研究的不足及反思

笔者通过比较分析发现，尽管该系列成果在海外中国新闻史研究中颇具影响力，但仍有不足之处，其主要在于两个方面：第一，作为西方学者，在研究中国新闻发展史时，不可避免地受到西方意识形态的影响；第二，全面性仍有不足。

（一）受到西方意识形态的影响

海德堡大学汉学系学者尽管一再强调客观、中立，但仍受到西方意识形态的影响。

意识形态的英文为"ideology"，据雷蒙·威廉斯考证，该词源于法文"idélogie"[②]，最初出现在理性主义哲学家德斯蒂·德·特拉西（Destutt de Tracy）的论著《意识形态的要素》之中，即试图为一切观念的产生提供一个真正科学的哲学基础的"观念科学"[③]。提出这一概念时，特拉西试图从观念学的角度去阐释它，随后这一概念发展得更为复杂和多元化。拿破仑一世后，"ideology"带有贬义色彩，多用于训斥极端革命分子的政治论断。

19 世纪中叶，马克思和恩格斯在《德意志意识形态》一书中批判了德意志资产阶级的唯心主义哲学体系，认为："统治阶级的思想在每一时代都

---

① 摘自 1997 年 1 月 16 日德国《世界报》悼念鲍吾刚先生的一篇文章。

② 〔英〕雷蒙·威廉斯：《关键词：文化与社会的词汇》，刘建基译，生活·读书·新知三联书店，2005，第 217 页。

③ 俞吾金：《意识意识形态：哲学之谜的解答》，《求是学刊》1993 年第 1 期。

是占统治地位的思想。这就是说，一个阶级是社会上占统治地位的物质力量，同时也是社会上占统治地位的精神力量。"① 在他们看来，意识形态首先是统治阶级生产的虚假意识，其次是指特定阶层或群体的思想信仰体系。在这里，意识形态指个人或团体心理中占统治地位的观念和表述体系。这一思想对后续"意识形态"一词概念的运用和延续有极大影响。

对西方 20 世纪后半叶左派文化批评影响最为深远的马克思主义政治哲学家之一的阿尔都塞提出，"意识形态是个人与其实在生存条件的想象关系的'表述'"②，这一理解倾向于将意识形态看作"一种先于个体存在的文化客体、社会结构、思想通道、政治无意识或混杂着个体想象的表象体系……可能是一种动力体系，物质地、真实地发挥着改造我们的功能"③。

不可避免地，海德堡大学汉学系学者的研究视野、表述体系多多少少包含着共同社会团体的一致世界观。例如，他们多借用一些西方理论来进行中国新闻史研究，其中最主要的是流行于国外学术界的哈贝马斯的"公共领域理论"，这一理论的历史背景是 18 世纪的欧洲，但国际学术界尤其是欧美学术界热衷于将这一理论用于其他非欧洲区域的历史阐释，促使其演变为一个拥有广泛解释力的理想类型。

"对于公共领域理论的跨文化应用问题，哈贝马斯本人是很谨慎的……作为一种高度抽象的理想类型，公共领域的理论可以'跨文化'，无法'超文化'，当我们对它进行规范论证的时候，可以将具体的经验事实暂时用括号括起来，然而一旦具体应用于某个地域，比如中国的时候，概念的有效性必须得到经验事实的支持，并且通过跨文化的历史比较，看看同一个公共领域的事实，在不同的历史语境中，是如何呈现出不同的特殊性面貌的。"④

哈贝马斯的"公共领域"，是一种介于公权力与社会之间的真空地带，陌生公民走到一起，寻求一种理智的沟通模式，一方面要免于政治权力的压迫，另一方面又要避免市场的异化，由此可看出这是一种近乎乌托邦式

---

① 《马克思恩格斯选集》（第一卷），人民出版社，2012，第 178 页。
② 这一表述摘自路易·阿尔都塞《意识形态和意识形态国家机器——研究笔记》。
③ 高建平、丁国旗主编《西方文论经典》（第六卷）《后现代与文化研究》，安徽文艺出版社，2014，第 223 页。
④ 许纪霖：《近代中国的公共领域：形态、功能与自我理解——以上海为例》，《史林》2003 年第 2 期。

的理想论述。李金铨教授认为，海德堡大学汉学系学者试图论证晚清上海《申报》及其下属的《点石斋画报》及其他各种报刊都在创造公共领域，"他们认为，上海的公共领域超越国界，异质性强，高阶与低阶杂糅成种种论述"。①

海德堡大学汉学系学者在借用哈贝马斯的公共领域理论进行晚清中国新闻史研究时，没有辩证地认识到这一理论的局限性与不足。

（二） 全面性不足

尽管前文在分析研究特点时提到海德堡大学汉学系学者多接触丰富的一手材料，但从客观及主观方面来说，其全面性仍有不足。

1. 部分研究缺乏整体认识

以《只是空言：晚清中国的政治话语和上海报刊》为例，燕安黛大量阅读、总结了同一时期的其他报纸，但从另一方面来说，《只是空言：晚清中国的政治话语和上海报刊》所观测的个案多为 1898 年及 1898 年之前的报纸或报刊文章，对改良失败后的报纸观察较少，正如梅嘉乐所说："这本书最强的部分在于谈论 1900 年以前的中国和《申报》。第八章对世纪之交时期出现的对新闻法要求的论述则有一些虎头蛇尾。"② 此外，燕安黛还刊印了一些晚清时期中国报刊上的讽刺漫画，但她只在小字部分对漫画进行了简要说明，并未将漫画内容融入她的分析和讨论之中。总体来说，《只是空言：晚清中国的政治话语和上海报刊》一书的个案研究十分丰富，但整体的认识仍有欠缺。

2. 部分研究缺乏个案分析

再如，梅嘉乐将所有报刊刊载的内容都包含在研究之中，包括社论、新闻、插图、广告等。"她将报纸整体把握为一种新式文本：包容众多文类、充满各种声音。在她分析报刊中的女性形象、上海人的生活时，对社

---

① 李金铨：《新闻史研究："问题" 与 "理论"》，《国际新闻界》2009 年第 4 期。

② 原文为：The book is strongest in the chapters that talk about China before 1900 and the Shenbao. Chapter 8, which deals with the emergence of press laws around the turn of the century is a bit of an anticlimax. 载 Barbara Mittler，"Between Discourse and Social Reality：The Early Chinese Press in Recent Publications," http://u.osu.edu/mclc/book - reviews/chinese - press/.

论、新闻、广告、插图、诗词等皆加以考察，还原出诸色杂陈的丰富图景。不过这种做法也有其局限，作者本人已经意识到这一点，提出要想更好地理解早期中文报刊的力量问题，还需对文本之外的其他方面做进一步研究。"①

简而言之，梅嘉乐过于关注整体的认识，而忽略了对个体的深层次研究。

3. 缺乏对中国历史文化政治的全面把握

另外，研究的不足之处还在于海德堡汉学系研究者是以西方学者的立场和视角来进行分析的，对于中国历史文化政治的现实并不能有完整和准确的把握，因此这一系列研究成果的分析可能存在偏颇之处。

例如，燕安黛在阐述并分析康有为等人创建新式报刊时，着重强调的是西方报刊的启发性作用及《申报》等报刊"论说"文体的延续性，而忽略了晚清时期"新民"的主观能动性。从中观之，将西方著作作为我们汲取西方学者中国新闻史研究经验的依据时，仍需要客观分析，并用批判性眼光进行审视。

瓦格纳曾强调："学术界对中国地方性新闻出版业兴起过程的研究仍固守着一种'中国中心观'的视角……考虑到19世纪后半叶英国外交政策的覆盖面已经囊括全球各地这样一种大背景，以及与之相伴的亚洲区域内不同地区和国家快速的现代化进程（包括出版业市场的现代化），上述研究范式显然不能清晰地揭示出前述中国地方性新闻出版业成长过程的独特性。"②

小组的系列研究以国际视角审视中国晚清新闻发展史，大量阅读中文原文文献，并认识到报纸文章语境的重要性，多采用同一时期其他报纸作为对应的参考物，或是用反对文章与之相呼应，实现多方位一手材料的搜集和理解。

其次，海德堡汉学系学者对材料的内在逻辑进行了详细的分析，从研究对象出发，借助了哈贝马斯的公共领域理论，从社会学、传播学等视角进行观测，以问题意识主导史料研读，揭示了材料与数据的隐含意义。

最后，由于阅读大量一手文献，并且带着问题进行史料研读，并借助其

① 周婷婷、郭丽华、刘丽：《海德堡大学汉学系早期中文报刊研究概况》，《新闻大学》2007年第3期。
② 鲁道夫·瓦格纳：《危机中的〈申报〉：国际背景下的郭嵩焘与〈申报〉之争》，载国家清史编纂委员会编译组编《清史译丛》（第九辑）《罗威廉专辑》，浙江古籍出版社，2010。

他理论从社会学等多种维度进行观测，被认为"不拘于长期通行的结论……彼此激发、相互增进，得到许多新发现。他们不孤立、表面地研究对象，注重呈现对象之间的相互作用，揭示对象涉及的多个方面，将对象置于各种背景加以审视；因此开拓了广阔的研究空间，描绘出丰富生动的图景"①。

但从另一方面来说，尽管海德堡汉学系学者在研究过程中尽量保持客观、中立的态度，但是仍然无法避免西方意识形态的影响。

其中最重要的一点，是他们深受哈贝马斯的公共领域理论的影响。在李金铨看来，"海德堡学者试图证明，在晚清上海《申报》及其下属的《点石斋画报》，外加林林总总的报刊，都在创造公共领域。他们认为，上海的公共领域超越国界，异质性强，高阶与低阶杂糅成种种论述。在哈贝马斯那里，西欧资产阶级公共领域的发展是与国家逐渐剥离或对峙的，而海德堡学者却反其道而行，一味想证明中国公共领域的轨迹与西欧经验分道扬镳。……他们的'公共领域'界定得过于宽泛……"②

其中的原因在于，作为西方学者来观测中文报刊的社会化进程，尽管能够从全球化的视野进行研究，但在置身历史语境进行理解这一方面仍有不足，历史文本必须结合历史语境，将史料与当时的政治、经济情况及相关政策、中国传统文化相联系，才能还原整体图景，更深层次地还原历史脉络与发展趋势。

但总的来说，海德堡大学汉学系的一系列研究角度新颖，提出的一些观点有力挑战了以往史著中关于早期中文报刊的不少通行看法，大大加深了人们对当时报刊与社会的认识，颇具启发意义。过去针对中国早期新闻学的历史研究否认或是忽略了19世纪中国新闻学的重大意义，但海德堡大学汉学系学者的研究，整合了过去中国报刊史研究中主要的偏见，并探寻诸如此类历史学描述存在的时间和动机。

诚然，对海德堡大学汉学系的中国新闻史研究成果的研究还停留在浅显的阶段，由于时间和人力有限，仅主要翻译了燕安黛的《只是空言：晚清中国的政治话语和上海报刊》一书，其他材料均为辅助，从全面性来看

---

① 周婷婷、郭丽华、刘丽：《海德堡大学汉学系早期中文报刊研究概况》，《新闻大学》2007年第3期。

② 李金铨：《新闻史研究："问题"与"理论"》，《国际新闻界》2009年第4期。

颇有不足；另一方面，由于跨文化的语言、情景等的限制，对德文、英文专著的理解可能存在片面的情况。

但笔者仍希望通过译介这一系列研究，以帮助开辟一个新的切入点，为我们研究中国新闻事业的发展提供新的维度。

参考文献

一　学术著作

1. 肖东发主编《新闻学在北大》，北京大学出版社，2006。

2. 林语堂：《中国新闻舆论史》，王海、何洪亮主译，中国人民大学出版社，2008。

3. 常世英主编《江西省科学技术志》，中国科学技术出版社，1994。

4. 〔新加坡〕卓南生：《中国近代报业发展史：1815～1874》（增订版），中国社会科学出版社，2002。

5. 赵敏恒：《外人在华新闻事业》，王海等译，暨南大学出版社，2011。

6. 龙伟等编《民国新闻教育史料选辑》，北京大学出版社，2010。

7. 李秀云：《中国新闻学术史（1834—1949）》，新华出版社，2004。

8. 赵晓兰、吴潮：《传教士中文报刊史》，复旦大学出版社有限公司，2011。

9. 谢鼎新：《中国当代新闻学研究的演变——学术环境与思路的考察》，中国传媒大学出版社，2007。

10. 龙伟等编《民国新闻教育史料选辑》，北京大学出版社，2010。

11. 吴廷俊：《中国新闻史新修》，复旦大学出版社，2013。

12. 方汉奇、陈业劭主编《中国当代新闻事业史（1949—1988）》，新华出版社，1992。

13. 方汉奇主编《中国新闻传播史》（第二版），中国人民大学出版社，2009。

14. 戈公振：《中国报学史》（插图整理本），上海古籍出版社，2003。

15. 徐培汀：《新闻史学史卷》，复旦大学出版社，2001。

16. 张立勤：《1927—1937 年民营报业经营研究——以〈申报〉〈新闻报〉为考察中心》，浙江工商大学出版社，2014。

17. 秦绍德：《上海近代报刊史论》，复旦大学出版社，1993。

18. 燕大文史资料编委会编《燕大文史资料》（第七辑），北京大学出版社，1993。

19. 新闻学论集编辑部主编《新闻学论集25》，经济日报出版社，2010。

20. 张晓春编《天地》，上海社会科学院出版社，2004。

21. 张仲礼主编《中国近代城市企业·社会·空间》，上海社会科学院出版社，1998。

22. 〔美〕陈毓贤：《洪业传》，北京大学出版社，1996。

23. 〔美〕白瑞华：《中国近代报刊史》，苏世军译，中央编译出版社，2013。

24. 〔美〕费正清、赖肖尔：《中国·传统与变迁》，张沛、张源、顾思兼译，世界知识出版社，2002。

25. 〔德〕罗文达：《在华天主教报刊》，王海译，暨南大学出版社，2013。

26. 〔德〕鲍吾刚主编《现代中国报刊》，德国威斯巴登弗兰兹·施泰纳出版社，1976。

27. 〔德〕马汉茂、汉雅娜，〔中〕张西平、李雪涛主编《德国汉学：历史、发展、人物与视角》，李雪涛等译，大象出版社，2005。

28. 〔美〕司徒雷登：《在华五十年》，李晶译，译林出版社，2015。

29. 国家清史编纂委员会编译组编《清史译丛》（第九辑）《罗威廉专辑》，浙江古籍出版社，2010。

二 期刊论文

1. 丁淦林：《20 世纪中国新闻史研究》，《复旦学报》（社会科学版）2000 年第 6 期。

2. 郭毅：《美国新闻史研究的文化史观述评》，《浙江传媒学院学报》2015 年第 6 期。

3. 黄瑚：《论中国近代新闻事业发展的三个历史阶段》，《新闻大学》2007 年第 1 期。

4. 黄旦：《新报刊（媒介）史书写：范式的变更》，《新闻与传播研究》2015年第 12 期。

5. 黄春平、蹇云：《"十一五"以来我国新闻传播史的研究现状、特点与趋势》，《深圳大学学报》（人文社会科学版）2015 年第 1 期。

6. 周婷婷、郭丽华、刘丽：《海德堡大学汉学系早期中文报刊研究概况》，《新闻大学》2007 年第 3 期。

7. 李彬：《"新新闻史"：关于新闻史研究的一点设想》，《新闻大学》2007年第 1 期。

8. 李雪涛：《半世纪以来德国中国学发展之我见》，《中国社会科学报》2015年 6 月 24 日，第 B05 版。

9. 苏世军：《千古文章未尽才——美国汉学家白瑞华和他的〈中国近代报刊产业简史〉》，《出版发行研究》2014 年第 1 期。

10. 单波：《中西新闻比较与认知中国新闻业的文化心态》，《学术研究》2015年第 1 期。

11. 谭泽明：《试论中国新闻史的特殊性——兼谈创新中国新闻史研究的思路和方法》，《新闻知识》2012 年第 2 期。

12. 田秋生：《迈克尔·舒德森的新闻史研究取径》，《全球传媒学刊》2015年第 4 期。

13. 王海：《外国人在华新闻事业的分期法》，《国际新闻界》2011 年第 3 期。

14. 王海：《〈基督教在华传教士纪念录〉的新闻史学价值综述》，《国际新闻界》2010 年第 5 期。

15. 吴廷俊、阳海洪：《新闻史研究者要加强史学修养——论中国新闻史研究如何走出"学术内卷化"状态》，《新闻大学》2007 年第 3 期。

16. 吴翔：《〈申报〉的厚度及民国厚报时代——1917～1937 年〈申报〉、〈新闻报〉同城竞争再审视》，《青年记者》2014 年第 13 期。

17. 叶文芳、丁一：《中西比较新闻学的开山大师——白瑞华和他的〈中国报刊，1800—1912〉》，《科技与出版》2013 年第 12 期。

18. 张朋：《1949 年以来的中国新闻史研究及其反思》，《安庆师范学院学报》（社会科学版）2009 年第 4 期。

19. 崔萍：《新闻史研究思路和方法讨论述评》，《武汉大学学报》（人文科学版）2009 年第 2 期。

20. 刘兰珍：《罗文达的近代中国新闻事业研究》，《新闻与传播评论》2012 年第 00 期。

21. 李艳：《从媒介中心观看美国新闻史研究》，硕士学位论文，武汉大学，2005。

22. 阳海洪：《探索中国新闻史研究新范式——基于媒介生态的视角》，博士学位论文，华中科技大学，2008。

23. 陈世华：《西方史学传统对新闻传播史研究的启示》，《华南理工大学学报》（社会科学版）2009 年第 6 期。

24. 戴元光、陈钢：《中国新闻史研究的本体意识与范式创新》，《当代传播》2010 年第 3 期。

25. 刘方仪：《中国化新闻教育的滥觞——从 20 世纪 20 年代燕大新闻系谈起》，《北京社会科学》2004 年第 2 期。

26. 聂士芬、罗文达：《中国报业前进的阻力》，《报人世界》1936 年第 6 期。

27. 王金珊：《早期传教士报刊对中国近代文明的构建》，《内蒙古社会科学》（汉文版）2008 年第 5 期。

28. 王贵斌：《全球史观下的新闻史本体》，《当代传播》2009 年第 2 期。

29. 周萍萍：《1879～1949 年间的天主教中文报刊》，《开放时代》2010 年第 12 期。

30. 谭渊：《百年汉学与中国形象——纪念德国专业汉学建立一百年（1909—2009）》，《德国研究》2009 年第 4 期。

31. 王敏：《政府与媒体——晚清上海报纸的政治空间》，《史林》2007 年第 1 期。

32. 熊月之：《略论晚清上海新型文化人的产生与汇聚》，《近代史研究》1997 年第 4 期。

33. 许鑫：《晚清民国时期传媒公共性的生成与演变（1815—1949）》，《新闻与传播研究》2011 年第 5 期。

34. 魏定熙、方洁：《民国时期中文报纸的英文学术研究——对一个新兴领域的初步观察》，《国际新闻界》2009 年第 4 期。

35. 展江：《哈贝马斯的"公共领域"理论与传媒》，《中国青年政治学院学报》2002 年第 2 期。

36. 张昆:《横向发展——新闻史研究的新维度》,《新闻与传播研究》2004
年第 4 期。

37. 张振亭:《试论我国新闻传播研究方法的演变》,《江西社会科学》2009
年第 11 期。

38. 〔德〕鲁道夫·G. 瓦格纳:《进入全球想象图景:上海的〈点石斋画
报〉》,《中国学术》2001 年第 4 期。

39. 〔美〕柯马丁:《德国汉学家在 1933—1945 年的迁移——重提一段被人
遗忘的历史》,《世界汉学》2005 年第 1 期。

三 外文文献

1. Rudolf Löwenthal, *The Religious Periodical Press in China* (Peking: The Syn-
odal Commission in China, 1940).

2. Rudolf Löwenthal, *Western Literature on Chinese Journalism: A Bibliography*
(Nankai Social and Economic Quarterly, 1937).

3. Rudolf Löwenthal, "The Tientsin Press: A Technical Survey," *The Chinese
Social and Political Science Review*, 1935 – 1936 (19).

4. Rudolf Löwenthal, "Public Communications in China before July 1937," *The
Chinese Social and Political Science Review*, 1938 – 1939 (42).

5. Rudolf Löwenthal, "Responsible Factors in Chinese Journalism," *The Chinese
Social and Political Science Review*, 1937 (20).

6. Nash Vernon, "Chinese Journalism in 1931," *Journamism Quarterly*, 1931 (8).

7. Nash Vernon, "Journalism in China: 1933," *Journamism Quarterly*, 1933 (10).

8. Don D. Patterson, "Journalism of China," *The University of Missouri Bulletin*,
1922, 23 (34).

9. Andrea Janku, *Nur Leere Reden: Politischer Diskurs und die Shanghaier Presse im
China des Späten 19. Jahrhunderts* (Wiesbaden: Harrassowitz Verlag, 2003).

10. Andrea Janku, "Preparing the Ground for Revolutionary Discourse: From the
Statecraft Anthologies to the Periodical Press in Nineteenth – Century China,"

T'oung Pao, 2004, 90 (1).

11. Barbara Mittler, *A Newspaper for China? Power, Identity, and Change in Shanghai's News Media*, 1872 – 1912 (Cambridge: Harvard University Press, 2004).

12. Natascha Vittinghoff, "Unity vs Uniformity: Liang Qichao and the Invention of a 'New Journalism' for China," *Late Imperial China*, 2002.

13. Natascha Vittinghoff, "Readers, Publishers and Officials in the Contest for a Public Voice and the Rise of a Modern Press in Late Qing China (1860 – 1880)," *T'oung Pao*, 2001, 87 (4 – 5).

14. Natascha Vinttinghoff, *Die Anfänge des Journalismus in China (1860 – 1911)* (Wiesbaden: Hrrassowitz Verlag, 2002).

15. R. Löwenthal, "The Early Jews in China: A Supplementary Bibliography, " *Folklore Studies*, 1946 (5).

16. R. Löwenthal, "The Tientsin Press: A Technical Survey," *The Chinese Social and Political Science Review*, 1936.

17. R. Löwenthal, "Public Communications in China Before July 1937, " *The Chinese Social and Political Science Review*, 1938 – 1939.

18. R. Löwenthal, "Responsible Factors in Chinese Journalism, " *The Chinese Social and Political Science Review*, 1937.

19. R. S. Britton, *The Chinese Periodical Press*, 1800 – 1912 (Taibei: Ch'eng Wen Publishing Co. , 1976).

20. R. W. Desmond, *The Press and World Affairs* (New York: D. Appleton – Century, 1937).

21. Y. T. Lin, *A History of Press and Public Opinion in China* (Chicago: University of Chicago Press, 1936).

22. L. S. Stavrianos, *The World Since 1500—A Global History*, 2*nd ed.* (Englewood Cliffs: Presentice Hall Inc. , 1971).

23. Barbara Mittler, "Between Discourse and Social Reality: The Early Chinese Press in Recent Publications," http://u. osu. edu/mclc/book – reviews/chinese – press/.

后　记

为期四年多的课题研究工作终于初步完成了，回想起为了完成研究设想，在网络世界和图书馆中查找原文资料和参考文献而经受的那些挫败和找到资料后的狂喜，不由要感叹：研究设想是丰满的，而现实是骨感的。

为了买到毛富刚在20世纪60年代出版的《中国现代报刊》一书，课题主持人凭借德语优势，在德国的亚马逊旧书网站上多番寻找，因当年印刷数量极其有限，最终花了大价钱才拍了下来。

而为了获得毛富刚生平的准确资料，除了阅读鲍吾刚教授为该书所做的序所提及的毛富刚的经历，还通过各种途径，找到了他当年在中国的朋友如秦瘦鸥回忆他的文字，中国印刷史研究方面关于他的记载，更为神奇的是，我们竟然还通过搜索他曾执教过的慕尼黑工业大学的图书馆的主页，根据主页提供的线索，找到一本已记不得名字的旧刊物，内有鲍吾刚教授所写的悼念毛富刚的文章的目录，然后为了得到这篇文章的内容，又托在德国留学的中国学生，辗转几次，终于复印了那篇短文，从而确定其最终去世的时间和最后的经历。

感谢课题组成员高海波、范龙老师的贡献，尤其是高海波教授超强的查阅文献资料的能力，为本课题提供了最关键的线索，方便我们准确地寻找到参考资料。

特别要感谢我的研究生欧阳依岚、顾益、黄瑾、余孟蔚对本书所提供的论文帮助。课题实施期间，她们根据研究需要来选择自己的研究方向，而且参与了部分初稿的写作。

其中，欧阳依岚撰写了"燕安黛：挖掘晚清政治话语传播的形成与影响"，她以此为选题的硕士毕业论文获得了中南财经政法大学硕士研究生毕业论文优秀奖；

顾益撰写了"瓦格纳与白瑞华中国新闻史研究的特点对比"初稿；

黄瑾撰写了"罗文达对中国宗教报刊的调查研究及其价值"初稿；

余孟蔚撰写了"罗文达与毛富刚中国新闻史研究的特点比较"初稿；

学生张景楠、邓梦颖对本书部分内容的相关资料进行了认真的收集和整理，杨倩文、张婷婷、谭家莉等都先后参与了课题的研究工作，对本书资料的收集及文本的校对都做出贡献，在此一并表示真挚的感谢。

刘兰珍

2019 年秋于中南财经政法大学南湖校区

图书在版编目（CIP）数据

他山之石：德国学者的中国新闻史研究评介 / 刘兰珍等著. -- 北京：社会科学文献出版社，2022.1
（文澜学术文库）
ISBN 978 - 7 - 5201 - 9666 - 6

Ⅰ.①他… Ⅱ.①刘… Ⅲ.①新闻事业史 - 研究 - 德国 Ⅳ.①G219.29

中国版本图书馆 CIP 数据核字（2022）第 006904 号

·文澜学术文库·

他山之石
——德国学者的中国新闻史研究评介

著　　者 / 刘兰珍 等

出 版 人 / 王利民
组稿编辑 / 恽　薇
责任编辑 / 高　雁
文稿编辑 / 陈美玲
责任印制 / 王京美

出　　版 / 社会科学文献出版社（010）59367226
　　　　　地址：北京市北三环中路甲 29 号院华龙大厦　邮编：100029
　　　　　网址：www.ssap.com.cn
发　　行 / 社会科学文献出版社（010）59367028
印　　装 / 三河市尚艺印装有限公司

规　　格 / 开本：787mm × 1092mm　1/16
　　　　　印张：12　字数：187 千字
版　　次 / 2022 年 1 月第 1 版　2022 年 1 月第 1 次印刷
书　　号 / ISBN 978 - 7 - 5201 - 9666 - 6
定　　价 / 128.00 元

读者服务电话：4008918866